DEUX SCULPTEURS NORMANDS

LES FRÈRES ANGUIER

Par ARMAND SANSON

Garde-Général des Forêts

OUVRAGE COURONNÉ PAR L'ACADÉMIE DES SCIENCES, BELLES-LETTRES ET ARTS DE ROUEN

(PRIX GOSSIER)

ROUEN

E. CAGNIARD, IMPRIMEUR, LIBRAIRE-ÉDITEUR

rues Jeanne-Darc, 88, et des Basnage, 5

1889

LES FRÈRES ANGUIER

IL A ÉTÉ TIRÉ TROIS CENTS EXEMPLAIRES DE CET OUVRAGE

TOUS NUMÉROTÉS À LA PRESSE

CENT EXEMPLAIRES SEULEMENT ONT ÉTÉ MIS DANS LE COMMERCE

LES NUMÉROS 1 A 6 ONT ÉTÉ IMPRIMÉS

SUR PAPIER DES MANUFACTURES IMPÉRIALES DU JAPON

MICHEL ANGUIER

DEUX SCULPTEURS NORMANDS

LES FRÈRES ANGUIER

Par ARMAND SANSON

Garde-Général des Forêts

OUVRAGE COURONNÉ PAR L'ACADÉMIE DES SCIENCES,
BELLES-LETTRES ET ARTS DE ROUEN
(PRIX GOSSIER)

ROUEN

E. CAGNIARD, IMPRIMEUR, LIBRAIRE-ÉDITEUR
rues Jeanne-Darc, 88, et des Basnage, 5

—

1889

MICHEL ANGUIER

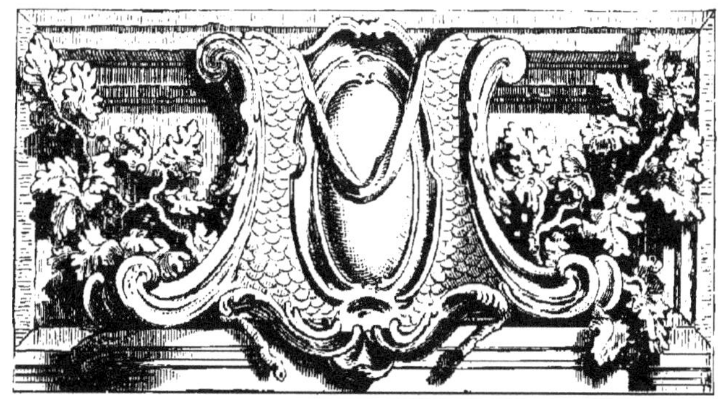

PREMIÈRE PARTIE

VIE DES FRÈRES ANGUIER

E touriste qui, entrant dans l'église Saint-Roch, à Paris, par sa porte centrale, jetterait les yeux sur une plaque de marbre blanc adossée au mur de droite, y verrait gravés en lettres d'or, au milieu des noms des hommes célèbres inhumés dans cette paroisse, ceux de François et de Michel Anguier. C'est qu'en effet, avant 1792, l'on pouvait contempler encore dans la nef de cette église (1) le tombeau de ces deux frères, sur lesquels se lisait l'épitaphe suivante composée par un de leurs amis :

> Dans sa concavité, ce modeste tombeau
> Tient les os renfermés de l'un et l'autre frère.
> Il leur était aisé d'en avoir un plus beau
> Si de leurs propres mains ils l'eussent voulu faire.
> Mais il importe peu de loger noblement
> Ce qu'après le trépas un corps loge de reste,
> Pourvu que de ce corps quittant le logement,
> Son âme trouve le sien dans le séjour céleste.

Ces vers sont assurément fort médiocres; aussi ne les citons-nous que pour mémoire, et n'y a-t-il rien d'étonnant que le nom de leur auteur ne soit pas passé à la postérité. La plupart des biographes des Anguier ont reproduit cette épitaphe, à commencer par l'abbé Capperon qui l'a citée dans ses Mémoires historiques sur les personnes originaires du comté d'Eu (2); seulement il y a introduit une légère variante : au lieu de l'épithète *modeste* attribuée au mot tombeau dans le premier vers, il y a substitué le qualificatif *funeste*.

Qu'étaient donc ces frères Anguier, dont les noms se trouvaient à Saint-Roch, à côté de ceux des Pierre Corneille, André Le Nôtre, abbé de l'Epée, Mme Deshoulières, et de tant d'autres, non moins célèbres? C'étaient deux sculpteurs,

(1) Cf. De Guilhermy : *Inscriptions de la France du Ve au XVIIIe siècle*, n° CLXXXII, t. I, p. 305. Le monument funéraire de ces sculpteurs aurait été recueilli, à la Révolution, au Musée des Petits-Augustins.

(2) *Mercure de France*, mai 1731, page 1068.

deux Normands, originaires l'un et l'autre de la ville d'Eu, située en Normandie et non en Picardie, comme l'a écrit Mariette dans son *Abecedario* (1).

L'aîné, François, naquit vers 1604, suivant Jal (2) et la plupart des biographes. Mais on pourrait croire que l'époque de sa naissance remonte seulement à l'année 1613, s'il était exact que, lorsqu'il mourut, le 9 août 1669, il n'était âgé que de cinquante-six ans environ, ainsi qu'en témoigne son acte de décès enregistré à Saint-Roch et dont nous donnons ci-dessous copie :

« Du 9e Août 1669, F. Anguier, sculpteur ordinaire du « Roy, âgé d'environ cinquante et six ans (3); décédé hier « en sa maison près la porte St Honoré, a esté le dit jour « inhumé dans l'église, devant le crucifix, et présens au « convoi, Michel Anguier, sculpteur ordinaire du Roy, « Jacques Paris, maître sculpteur à Paris. » Signé : Michel Anguier, Jacques Paris (4).

(1) *Abecedario* de Mariette, publié d'après les manuscrits autographes conservés au Musée des estampes par MM. A. de Chennevières et A. de Montaiglon. *Archives de l'art français*, tome I, page 26.

(2) Jal, *Dictionnaire critique d'histoire et de biographie*. Paris, Plon, 1872, page 53.

(3) Jal, qui a vu la pièce authentique écrite au registre de Saint-Roch, signale cette erreur dans l'ouvrage ci-dessus cité, en disant qu'il y a lieu de substituer soixante à cinquante; il fait remarquer que des erreurs semblables sont assez fréquentes sur des actes de l'espèce.

(4) Cet acte, ainsi que plusieurs autres que nous enregistrons dans le cours de cette étude, est emprunté au Recueil des actes concernant les artistes, peintres, graveurs, architectes et sculpteurs, extraits des registres de l'état-civil de Paris, détruits dans l'incendie de l'Hôtel-de-Ville, le 24 mai 1871, publiés avec notes par H. Herluison. Orléans, H. Herluison, 1872.

C'est donc à tort que certains auteurs, Zani par exemple (1), ont donné comme date de sa mort l'année 1699.

Quant à Michel Anguier, dont le second prénom était André, Mariette va encore nous apprendre dans son *Abecedario* qu'il naquit le 28 septembre 1612. Jal adopte aussi cette date qui concorde avec l'acte de décès de Michel Anguier, lui attribuant, à sa mort, l'âge de soixante-quatorze ans. En voici la teneur :

« Du 12 juillet 1686, Michel André Anguières, âgé de « 74 ans, bourgeois de Paris, sculpteur ordinaire du Roy « en son Académie royale de peinture et de sculpture, « décédé hier, rue et porte St Honoré, a esté inhumé en « cette église. Présens : François Anguières, son fils, Guil- « laume Anguières, son frère, peintre ordinaire du Roy, « demeurant aux Goblins. » (Saint-Roch).

Mais d'après Guillet de Saint-Georges et d'autres auteurs, Michel ne serait né qu'en 1614. Nous nous rangeons pourtant à l'opinion de Mariette à cause de l'acte que nous venons de citer, et parce que les registres de l'Académie de peinture et de sculpture, dont Michel faisait partie, comme nous le verrons plus loin, portent qu'il avait soixante-quatorze ans quand il mourut en 1686.

Avant de continuer le récit de la vie des deux sculpteurs qui nous occupent, disons quelques mots de leur famille : François et Michel avaient un frère, Guillaume Anguier, leur cadet, qui serait né en 1628, s'il est vrai qu'il mourut

(1) Zani (Pietro), *Encilopedia metodica, critico, ragionata delle belle arti.* Parma tipographia ducale 1819, 19 tomes en 14 vol. in-8°.

à l'âge de quatre-vingts ans, en 1708, comme il en est fait mention dans l'acte de décès enregistré à l'église Saint-Hippolyte de Paris (cette église est aujourd'hui détruite) et que nous transcrivons ci-dessous :

« Le 19e jour de Juin 1708, a été inhumé dans l'église
« de cette paroisse Guillaume Anguier, peintre ordinaire
« du Roy, décédé d'hier en l'hôtel royal des Gobelins, âgé
« d'environ 80 ans, muni des sacremens, en présence de
« Jean Chrisostôme Lallouette, marchand tapissier de la
« paroisse St Germain l'Auxerrois et gendre, et de François
« Anguier, avocat au parlement, et de Louis Dupont, tapissier
« ordinaire du Roy, nepveu, qui ont signé. »

Puisque nous avons commencé à parler de Guillaume Anguier, finissons d'esquisser en quelques mots sa vie. Jal nous apprend que, quoique plus jeune que ses frères, il se maria le premier ; en effet, le 10 février 1652, il épousa en premières noces Claude Gény. Ce mariage fut célébré en l'église Saint-Eustache. Il avait alors vingt-quatre ans, et sa femme, veuve de « feu Claude Daniel, vivant receveur de M. Desormau, » était âgée de trente-quatre ou trente-cinq ans. Nous ne savons quand sa première femme mourut ; mais nous sommes certain qu'il en eut une seconde du nom de Catherine Gouliard. G. Anguier était peintre d'architecture, ainsi que nous l'apprend Abraham de Prades, et Colbert le logea aux Gobelins, où il travailla jusqu'à sa mort.

Divers biographes ont écrit que les Anguier étaient fils d'un menuisier de la ville d'Eu ; d'autre part, l'acte de mariage de Guillaume Anguier, frère des deux sculpteurs François et Michel, porte que ce peintre est « fils d'Honoré Anguier et de Catherine Riolle », sans que rien n'indique la profession du père; mais en consultant les archives du collège d'Eu (1), nous y voyons qu'un sieur Honoré Anguier, menuisier, fut chargé pendant les années 1624, 1625 et 1626 d'exécuter pour les Jésuites des portes, des châsses, des reliquaires, les balustres du jubé et un marche-pied d'autel. En rapprochant les dates et les faits, il est permis de conclure que ce maître menuisier était le père des Anguier.

François et Michel montrèrent l'un et l'autre, dès leur plus tendre enfance, des dispositions très marquées pour le dessin et la sculpture. Michel, en particulier, nous dit Désallier Dargenville (2), n'avait pas d'autre amusement durant ses jeunes années que de sculpter de petites figures en bois. Milton n'a-t-il pas dit que le penchant de l'enfance annonce les inclinations de l'âge mûr, comme l'aurore annonce le jour? Dargenville ajoute même que, dès l'âge de quinze ans, Michel avait fait quelques ouvrages pour l'autel de la chapelle des Jésuites à Eu. Pour compléter ces renseignements sur la jeunesse de nos deux sculpteurs, nous allons laisser la parole à l'abbé Capperon, qui, dans ses Mémoires historiques sur les personnes originaires du comté d'Eu, publiés dans le *Mercure de France* (3), s'exprime ainsi à leur sujet : « Il ne nous reste plus maintenant qu'à parler

(1) *Livre du bastiment de l'église*, folios 61, 62 et 64.

(2) Desallier Dargenville fils. — *Vie des fameux architectes et sculpteurs avec les descriptions de leurs ouvrages.* Paris, Debure, 1787, tome II, pages 159 à 172.

(3) *Mercure de France*, mai 1731, page 1068.

« des deux frères Anguier qui ont excellé dans la sculture « et qui ont primé de nos jours dans ce bel art. Ils naquirent « tous deux à Eu dans la paroisse St Jean d'un père me- « nuisier. Nés tous deux pour la Sculture et le Dessein; « dès qu'ils commencèrent à faire usage de leur esprit, on « les vit s'occuper à faire de petites figures de bois ou de « pierre avec leurs couteaux, en quoy ils réussissaient pas- « sablement bien, ce qui frappa un honnête Bourgeois de « la ville, et l'engagea à en prendre soin par charité. Voyant « enfin qu'ils commençaient d'être en âge à pouvoir tra- « vailler et que le goût pour la sculture se fortifiait de plus « en plus en eux, il obtint d'un Jésuite qui allait à Paris, « qu'il les y mènerait, pour les placer chez un maître où « ils pussent se perfectionner, ce que ce Père fit en effet. » Ce maître n'était autre que Simon Guillain, sculpteur, chargé de décorer le grand autel de l'église des Carmes déchaussés près le Luxembourg. Les deux jeunes gens collaborèrent à ce travail.

C'était en l'année 1627, comme nous le dit Guillet de Saint-Georges, historiographe de l'Académie royale de peinture et de sculpture (1), que Michel arriva à Paris. Quelque temps après, les deux frères se lancèrent dans des directions différentes, et, bien que destinés à se retrouver plus tard et à collaborer à Moulins, comme nous le verrons

(1) *Mémoires inédits sur la vie et les ouvrages des Membres de l'Académie royale de peinture et de sculpture*, publiés d'après les manuscrits conservés à l'école des beaux-arts par MM. Dussieux, Soulié, de Chennevières, P. Mantz, A. de Montaiglon. Paris, Dumoulin, 1854 (deux vol. in-8°). tome I, page 436.

plus loin, il nous paraît préférable, pour l'intelligence de cette étude, de retracer séparément, à partir de maintenant, la vie de chacun d'eux.

Parlons d'abord de François, l'aîné des deux, sur la vie privée duquel on sait d'ailleurs fort peu de chose. Les biographes, ses contemporains, nous apprennent pourtant qu'il avait acquis à Paris une assez grande réputation pour être appelé en Angleterre. M. L. Dussieux (1) dit qu'il lui a été impossible de retrouver l'indication des ouvrages que François exécuta dans ce pays. Il est certain, néanmoins, qu'ils lui procurèrent assez d'argent pour faire le voyage d'Italie. A Rome, il se lia d'amitié avec plusieurs artistes célèbres, Poussin, Mignard, Dufresnoy et Stella. Au bout de deux ans de son séjour en Italie, il revint à Paris où Louis XIII lui aurait donné un logement au Louvre avec la garde du cabinet des Antiques, s'il faut en croire Guilbert dans ses *Mémoires biographiques de la Seine-Inférieure;* mais Jal ne croit pas que le fait soit exact; car, prétend-il, quand un artiste avait un logement au Louvre il ne le quittait plus; or, il résulte de l'acte de décès de François (2), qu'il demeurait, au moment de sa mort, près la porte Saint-Honoré. Mais nous ferons remarquer que François fut chargé de quelques travaux au Louvre (3) et qu'il est bien probable

(1) L. Dussieux, *Les Artistes français à l'étranger.* Paris, Lecoffre, 1876, p. 263.

(2) Voir plus haut, page 7.

(3) Dans la liste des artistes et artisans employés à l'embellissement et à l'entretien des châteaux royaux de 1605 à 1656, avec la mention de leurs gages,

que, lors de leur exécution, il y fut seulement logé d'une façon temporaire, ce qui expliquerait l'assertion de Guilbert.

Quoi qu'il en soit, nous ne pouvons fixer la date du retour à Paris de François; mais, d'après ce qui précède, il eut lieu certainement avant l'année 1643, date de la mort de Louis XIII. Nous lisons dans le *Mémoire de de Caylus* que c'est dans l'année 1651 qu'Anguier appela à Moulins son frère Michel, qui revenait de Rome, afin de l'aider à la décoration du tombeau du duc de Montmorency, dont seul, lui, François, avait été chargé.

La date exacte de la plupart de ses œuvres ne nous est point connue. Aussi nous contenterons-nous d'en donner la nomenclature, en les rangeant autant que possible dans l'ordre chronologique de leur exécution; leur description détaillée fera l'objet de la deuxième partie de cette étude.

La plupart des œuvres de François consistent en tombeaux ou en décorations de monuments funéraires. C'est ainsi qu'il travailla aux tombeaux de l'historien J.-A. de Thou, à Saint-André-des-Arcs (1), et du cardinal de Bérulle, à l'Oratoire de la rue Saint-Honoré (2), qu'il fut chargé de l'édification

relevée et annotée par Guiffrey, et publiée dans les *Nouvelles archives de l'art français*, nous trouvons le passage suivant :

« Anguier (François), sculpteur, la somme de quatre cens livres pour ses « gages dont lui sera payé deux cens livres pour la nécessité des affaires de « sa Majesté, cy.. II^c L. »

(1656, Louvre).

(1) Voir page 47.

(2) Voir page 53.

du mausolée du duc de Montmorency à Moulins (1), du tombeau de Jacques de Souvré de Courtenvaux, à Saint-Jean-de-Latran (2), église pour le maître-autel de laquelle il fit également une vierge (3), qu'il entreprit le tombeau de Henri Chabot, duc de Rohan, aux Célestins (4), et qu'il érigea dans cette même église le monument funéraire en forme de pyramide de la famille du duc de Longueville (5).

En 1660, nous voyons que François fait, à l'occasion des fêtes du retour de Louis XIV à Paris avec Marie-Thérèse qu'il vient d'épouser, deux statues destinées à décorer la porte Saint-Antoine, par laquelle le monarque doit faire sa rentrée dans sa capitale.

Nous apprenons encore qu'il travailla au Val-de-Grâce et qu'il fut chargé d'y édifier les statues de Saint-Benoist et de Sainte-Scolastique, et nous relevons dans les dépenses de cet édifice qu'il s'engagea à faire ces statues pour la somme de 6,400 livres. Guillet de Saint-Georges, dans son Mémoire sur Philippe Buyster, nous fait connaître que sur cette même façade, au-dessus de la porte, les deux figures d'anges « qui tiennent les armes de la reine dans le fronton « du second ordre, qui est composite, sont de M. Anguier, « l'aîné, qui est frère de l'académicien ». Une estampe de J. Marot, de format in-4°, qu'on peut voir au *Cabinet des Estampes,* dans la *Topographie de la France* (Paris, 5e arron-

(1) Voir page 57.
(2) Voir page 65.
(3) Voir page 70.
(4) Voir page 71.
(5) Voir page 79.

dissement), représente la façade du Val-de-Grâce dans tous ses détails et l'on y peut remarquer les divers morceaux de sculpture que nous venons de signaler.

Enfin l'on voit dans le parc de Versailles une paire de vases en bronze faite par F. Anguier. Chacun de ces vases est le sixième de ceux qui, au nombre de sept, ornent les deux entablements en marbre du parterre de ce parc, du côté de l'aile du nord du palais. Ils ont été fondus par Duval et modelés par Ballin. Lepautre a gravé les vases d'Anguier et cette gravure se trouve à la *Chalcographie du Louvre*. Le corps du vase était orné de perles et de fleurs de lys; ces derniers attributs furent supprimés en 1793.

Telles sont les œuvres sorties certainement du ciseau de F. Anguier. Nous aurons plus loin l'occasion de parler de celles qu'on lui a attribuées à tort et d'autres à propos desquelles des doutes existent sur la question de savoir quel est des deux Anguier celui qui en est le véritable auteur.

F. Anguier ne fit pas, comme son frère cadet, partie de l'Académie royale de peinture et de sculpture. Piganiol rapporte que, lors de la fondation de ce corps artistique, on avait offert à François d'entrer dans cette compagnie, mais qu'il déclina cet honneur.

Nous avons vu ce qu'avait été Michel Anguier dans son enfance, et nous l'avons laissé au moment où il arrivait à Paris à l'âge de quinze ans, soit en 1627, et où il était placé chez le sculpteur Simon Guillain. C'est là que nous allons reprendre l'étude de sa vie artistique.

Pendant son séjour à Paris, il commença d'abord par travailler sous la direction de son maître au grand autel des Carmes déchaussés, de la décoration duquel Simon Guillain était chargé. C'est aussi à la même époque, c'est-à-dire vers 1630, que Michel dut exécuter un tabernacle placé sur le maître-autel de l'église de l'Oratoire, rue Saint-Honoré (1).

Les grandes dispositions que le jeune artiste montra dans tous les travaux qu'il entreprit, vraisemblablement en sous-ordre, durant les années qui s'écoulèrent de 1630 à 1640, mais dont nous n'avons malheureusement pu retrouver le détail, lui donnèrent l'idée d'aller étudier en Italie les chefs-d'œuvre des Maîtres. Nous le voyons donc partir pour Rome en 1641. Il n'y avait pas encore d'Académie dans cette ville; les jeunes artistes étaient obligés de faire le voyage à leurs frais, le plus fréquemment la bourse peu garnie; tel était le cas de Michel; il montrait donc dans cette entreprise un courage doublé d'un grand amour pour son art. Il fut d'ailleurs récompensé de sa persévérance par la bonne fortune qu'il eut de pouvoir entrer de suite dans l'atelier du « signor Alguardi ». Celui-ci lui donna l'occasion de se faire connaître en le dirigeant dans l'exécution de grands bas-reliefs de dix pieds de haut, destinés à Sainte-Marie-Majeure. Michel fit également des travaux pour l'église Saint-Pierre et pour le palais de quelques cardinaux dont on n'a pas conservé les noms; le détail de tous ces ouvrages ne nous est pas connu. Toutefois, l'abbé Titi cite parmi les œuvres de Michel exé-

(1) Voir page 81.

VASE EN BRONZE

cutées à cette époque, une partie des stucs qui sont à Saint-Jean-des-Florentins et qui représentent des jeunes gens dans des médaillons. Mais ce qu'il y a de sûr, c'est que pendant les dix années que Michel resta à Rome, il se consacra principalement à l'étude approfondie des plus beaux monuments antiques que la ville éternelle possède en tous les genres. D'ailleurs, le reste de sa carrière d'artiste nous montrera tout le parti et le profit qu'il sut en tirer pour la perfection de son art.

Il revint à Paris en 1651, rapportant de nombreux modèles de statues d'après l'antique, entre autres ceux d'Hercule, de Flore, des Lutteurs, de Laocoon, qui furent placés dans la salle de l'Académie royale de peinture et de sculpture, parmi les membres de laquelle il devait un jour compter. Cependant, malgré le talent et les connaissances qu'Anguier rapportait de son voyage, ses débuts à Paris furent très difficiles. La capitale était alors désolée par les guerres civiles, et, comme il l'a écrit lui-même, il avait un si grand dégoût de sa patrie, qu'il ne respirait que l'air et la douceur de Rome. Mais l'ennui qu'il éprouvait de ne point trouver d'occupations ne dura pas longtemps; en effet, à cette époque, son frère François était chargé de l'érection du tombeau du duc de Montmorency, dans la ville de Moulins. Michel fut appelé par son aîné, et, sous sa direction, composa deux figures d'Alexandre le Grand, en terre cuite, dont l'une aurait été exécutée en marbre pour ce monument (1), au

(1) Sans vouloir mettre en doute l'exactitude de cette assertion, nous devons constater qu'aujourd'hui cette statue ne se voit plus au tombeau du duc de Montmorency.

dire de Guillet de Saint-Georges. C'est également à son ciseau qu'on doit le modèle de la figure de l'Hercule qui orne ce mausolée. Il faut croire qu'on rendit justice à ces travaux; car les religieuses de Sainte-Marie de Moulins, dans la chapelle desquelles fut édifié le tombeau du duc de Montmorency, lui demandèrent pour cette même chapelle un crucifix, une Vierge et un Saint-Jean; ces ouvrages, de grandeur naturelle, étaient probablement en bois ou en stuc, deux matières qu'il travaillait avec une égale facilité.

La même année 1651, il fut chargé du modèle de la statue de Louis XIII, plus grande que nature; cette statue fut portée à Narbonne, coulée en bronze et érigée sur la grande place de la ville. Tels sont les ouvrages qu'il exécuta pendant l'année 1651; si l'on calcule le temps qu'exigèrent tous ses travaux, on trouve, d'après Guillet de Saint-Georges, qu'il n'a pas dû rester plus de six semaines sans être occupé.

L'année suivante, il fit douze petites figures en bronze pour le tabernacle de l'Institution de l'Oratoire, au faubourg Saint-Michel, près la barrière d'Enfer; elles sont d'un tour fin et agréable et décorent très bien ce tabernacle de marbre dont les différentes parties forment un tout parfait. En même temps il exécutait dans cette même église, pour Mlle de Chouberne, qui en était bienfaitrice et qui y fut enterrée, une Nativité dont les personnages sont de grandeur naturelle. La même année, nous le voyons travailler au modèle de deux anges portant la tête de saint Rémi. Ce groupe était en argent; Louis XIV en fit don à l'église Saint-Rémi de Reims en mémoire de son sacre, dont la cérémonie n'eut lieu du reste que deux ans plus tard.

Anguier fut ensuite chargé par M. de Montarsis, joaillier du roi, de l'exécution de plusieurs statuettes, chacune de 50 centimètres de hauteur, qui représentaient « un Jupiter « foudroyant, une Junon jalouse, un Neptune agité, une « Amphytrite tranquille, un Pluton mélancolique, un Mars « qui quitte ses armes, et une Cérès éplorée ». Bien qu'elles n'eussent rien de remarquable, M. de Montarsis les fit cependant couler en bronze.

Cet ouvrage fut suivi de douze bas-reliefs représentant les mois de l'année « avec tant d'art que leurs airs de tête « et leurs attitudes expriment les divers effets du soleil « pendant chaque mois particulier. » Ces bas-reliefs décoraient les arcades de la galerie d'une maison appartenant à M. de Lorme, près la porte Saint-Honoré.

A la fin de la même année 1652, il commença un crucifix en ivoire de 55 centimètres. Comme le temps lui manquait pour y travailler d'une manière régulière, il ne put le terminer qu'en 1668. C'était une véritable œuvre d'art que sa famille conservait avec un soin jaloux.

Les années 1653 et 1654 furent employées par lui aux sculptures de l'appartement de la reine Anne d'Autriche au vieux Louvre (1).

En 1655, Fouquet, surintendant des Finances, chargea Anguier de tous les travaux de sculpture de sa maison de Saint-Mandé; il y consacra trois ans, de 1655 à 1658, époque à laquelle Fouquet lui fit exécuter plusieurs ouvrages en

(1) Voir page 85.

pierre pour son château de Vaux. Les plus considérables étaient : trois personnages vêtus à l'antique, ayant chacun six pieds de haut et représentant trois philosophes anciens, un Apollon et une Cybèle mesurant également chacun six pieds de hauteur, douze termes figurant les douze principales divinités païennes, une statue de la Clémence et une autre de la Justice avec leurs attributs, chacune de sept pieds et demi. Ayant cessé pendant quelque temps l'exécution des sculptures du château de Vaux, il fit pour l'orangerie de Saint-Mandé une Charité qui tient dans son bras droit un enfant endormi sur son sein ; elle a un autre enfant à ses pieds et deux tout près d'elle. Ce groupe était destiné à représenter Mme Fouquet et ses enfants et faisait allusion à la tendresse et à l'union qui régnaient dans la famille. C'est également pour la maison de Saint-Mandé que Michel fit un Hercule et une Flore, chacun de six pieds de haut.

En même temps, il dirigeait les travaux exécutés chez M. de Lorme dont nous avons déjà parlé ; c'étaient les statues d'Apollon et des neuf Muses, en pierre, de grandeur naturelle, plus une Andromède exposée sur un rocher. On lit encore dans un manuscrit non signé des archives de l'École des Beaux-Arts, qu'aux deux bouts de la galerie dans laquelle se trouvaient les ouvrages que nous venons de citer, il représenta d'un côté Enée sauvant son père Anchise et son fils Ascagne de l'incendie de Troyes, et, de l'autre, Laocoon avec ses deux enfants enlacés par deux serpents.

Enfin Michel termina l'année 1658 en sculptant pour les

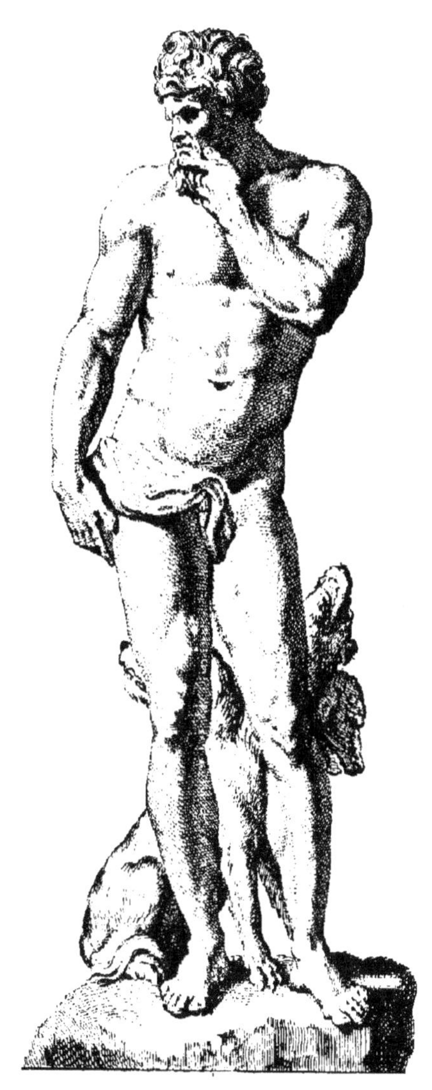

PLUTON

PAR MICHEL ANGUIER

Tuileries deux statues représentant, l'une Mars, et l'autre, Minerve; elles étaient en stuc et destinées à servir de modèles pour celles qu'on devait exécuter en marbre.

L'année 1659 le vit travailler à l'ornementation du plafond de la chambre de Mme d'Erval, dans l'hôtel de ce nom, sis rue Plâtrière; on y trouve tous les genres de sculpture, bas-reliefs, figures de ronde-bosse, etc..... Mais ce qu'il y a de plus remarquable, ce sont l'élégance et la finesse de certaines statues où la partie inférieure du corps est remplacée par des ornements sculpturaux dont le travail est savant et délicat, le tout accompagné de peintures faites par Mignard.

Les deux années suivantes furent employées par notre artiste aux décorations du château du Plessis-Belleville, qui lui étaient commandées par M. de Guénégaud, trésorier de l'épargne. Citons, entre autres ouvrages exécutés par lui dans cette demeure, deux statues, l'une, d'Apollon, et l'autre, de Diane, chacune de deux mètres de haut, posées à l'entrée de la cour, « une Cérès qui invente l'usage du pain, accompa-« gnée de Proserpine auprès d'un dragon, un Bacchus qui « invente l'usage du vin accompagné de Silène et d'une « panthère. » Toutes ces dernières statues, faites de pierre, étaient placées auprès du pont-levis du château ; mais déjà, en 1750, elles n'existaient plus, à ce que nous apprend de Caylus, qui attribue cette ruine aux injures du temps et à la vivacité de l'air de la campagne. Outre les travaux dont nous venons de parler, Michel Anguier orna de plusieurs statues de stuc les appartements du même château.

Avec l'année 1662 commence une des œuvres capitales

de la vie de Michel ; nous avons parlé du Val-de-Grâce. La reine Anne d'Autriche, fondatrice de cette abbaye royale, sut faire un choix heureux dans la personne de Mignard comme peintre et dans celle d'Anguier comme sculpteur. Ces travaux, dont nous donnons la description plus loin (1), ne furent achevés qu'en 1667, c'est-à-dire un an après la mort de l'illustre fondatrice de l'abbaye. Mais, entre temps, Michel avait entrepris d'autres œuvres, et il avait exécuté en 1663 deux statues en pierre de Tonnerre, hautes chacune de six pieds et demi, et destinées à l'église des Pères de la Merci. L'une représentait saint Pierre Nolasque, fondateur de cet ordre, et l'autre, saint Raymond, qui lui a donné ses constitutions particulières. Ces figures peuvent laisser à désirer dans les détails, mais l'ensemble est bon, et, somme toute, fièrement traité.

Nous sommes arrivés à l'année 1664, et nous ne pouvons oublier de mentionner un évènement important de la vie de Michel, non de sa vie artistique, mais de sa vie privée. C'est en effet le 18 février 1664 qu'il se maria. Il entretenait d'étroites relations avec M. Rémy, brodeur et valet de chambre du roi ; c'est à cette liaison qu'il dut de connaître et d'épouser la nièce de Mme Remy, Marguerite Dubois. Cette union fut heureuse et vit naître quatre enfants, dont trois survécurent, deux filles et un fils, ce dernier du nom de François, qui fut avocat au Parlement.

Cette même année 1664, il fit pour Louis XIV six termes

(1) Voir page 90.

CÉRÈS

PAR MICHEL ANGUIER

en pierre de Vernon, pour la grande allée du parc de Versailles.

Il fit encore pour ce parc quatre statues : Neptune, Pluton, Cérès et Amphitrite, qui y furent placées dans le bosquet des Dômes. Amphitrite fut enlevée de Versailles pour être transportée à Saint-Cloud, puis apportée au Louvre en 1872, où elle se voit actuellement au Musée de la sculpture moderne, dans la salle Coysevox ; elle a été gravée par Lagée. Un exemplaire de cette gravure se trouve à la Bibliothèque Nationale (Cabinet des estampes), dans le dossier de Michel. Quant aux trois autres statues, nous ignorons ce qu'elles sont devenues ; elles ne sont ni à Versailles, ni à Saint-Cloud. Sous Louis XIV, il y eut déjà un premier remaniement du bosquet des Dômes. Est-ce à ce moment que ces statues en ont été enlevées ? La chose est possible ; toujours est-il que les inventaires des Musées du Louvre n'en portent point trace. On peut toutefois se faire une idée de ce qu'étaient le Neptune, le Pluton et la Cérès d'Anguier par les gravures faites par Desplaces. Les cuivres, qui mesurent chacun 0m29 sur 0m18 de large, font partie de la collection des planches de la Chalcographie du Louvre, sous les nos 1651, 1652, 1653 (1).

Trois ans après, c'est-à-dire en 1667, Colbert lui commandait la sculpture qu'on voit à Saint-Eustache, dans la chapelle des fonts, ainsi que les petits ornements de bronze,

(1) Desplaces ne semble pas avoir exécuté la gravure de l'Amphitrite, que nous avons cherchée vainement dans le Catalogue des estampes de la Chalcographie.

fort peu importants du reste, qui se trouvent aux mêmes fonts. Disons tout de suite, puisque nous parlons de Saint-Eustache, que c'est à tort qu'on a attribué à Anguier les douze chérubins qui ornent la chapelle du Mariage; ils ont été sculptés par Tuby.

Tant de talent et de si nombreux travaux méritaient leur récompense, et Anguier l'eût certainement obtenue par ses propres mérites, même sans la protection si efficace de Colbert; cependant, grâce à elle, il lui fut permis d'entrer plus tôt dans le sein de l'Académie royale de peinture et de sculpture, dont le grand ministre était le protecteur attitré.

C'est le 4 février 1668 que Michel fut reçu dans cette compagnie, et, le même jour, aux applaudissements de l'Assemblée, il fut nommé « adjoint à professeur ». Nous avons cru intéressant de réunir, outre le procès-verbal de la séance, dans laquelle fut reçu le nouvel académicien, les procès-verbaux de toutes celles où son nom figure; on les trouvera sous forme de notes, que nous avons placées à la suite de cette étude (1).

Quelque temps après sa réception à l'Académie, il fut nommé professeur; puis, le 9 mars 1669, il fit don à cette assemblée d'un groupe en terre cuite d'une hauteur de un mètre, représentant Hercule et Atlas soutenant un globe terrestre. Ce groupe, qui fut placé dans la salle d'honneur de l'Académie, se voit aujourd'hui au Louvre, au Musée de la sculpture moderne.

(1) Voir pages 103 et suivantes.

NEPTUNE

PAR MICHEL ANGUIER

Le 7 octobre 1669, Anguier fut élu « adjoint à recteur », pour remplacer dans ses fonctions M. Evrard, et « recteur » le 12 juin 1671, comme successeur de M. Bourdon, décédé l'année précédente.

Vers la fin de 1668, il avait terminé le grand morceau de sculpture que la reine-mère, Anne d'Autriche, lui avait commandé pour le principal autel de Saint-Denis de la Châtre (1). En 1669, il exécuta pour le grand autel des Filles-Dieu, dont la chapelle est aujourd'hui détruite, quatre statues de pierre, chacune de cinq pieds et demi de haut, représentant saint Jean, saint Benoît et deux anges. « Les deux anges, qui « sont posés sur le couronnement de l'autel, dit de Caylus, ne « me paraissent pas heureusement disposés et je ne les crois « que de stuc : les deux autres, qui représentent saint Jean « et saint Benoît, sont de pierre. La première figure n'est pas « bonne ; elle est mal coiffée, mal agencée, sans qu'on la « puisse reconnaître pour ce qu'elle veut représenter. Le « saint Benoît est beaucoup meilleur ; on voit un sentiment « de nature dans les plis de sa robe. Il est vrai que ces figures, « recouvertes encore de peinture, doivent perdre beau- « coup. »

En 1670, le marquis de Seignelay lui fit faire, pour la maison de Sceaux, trois statuettes de pierre de Vernon, hautes chacune d'environ 3 mètres 50 à 4 mètres, et représentant Jupiter, Junon et Minerve. Dans un des manuscrits de Guillet, il est dit que le marquis de Seignelay les lui

(1) Voir page 92.

acheta seulement, mais qu'elles avaient été sculptées pour le château de Vaux.

La même année, il fit, par ordre de la duchesse d'Aumont, un enfant Jésus en marbre, couché sur une croix posée dans une crèche. Cette œuvre fut, à cette époque, placée dans l'hôtel d'Aumont.

Comme nous le montrerons plus loin, les années qui suivirent furent employées par Michel à faire des conférences, et par conséquent à traiter l'art bien plutôt au point de vue théorique qu'au point de vue pratique. Mais, en 1674, nous le voyons recommencer ses travaux de sculpture et exécuter une de ses œuvres capitales, la décoration de la porte Saint-Denis (1).

En 1678, Anguier trouvant avec raison que sa vie avait été laborieusement et utilement remplie, voulut jouir en repos, dans le sein de sa famille, du fruit de ses travaux. Mais son talent et sa réputation y mirent obstacle et le firent rechercher en 1684 pour exécuter un crucifix de marbre, haut de sept pieds, et destiné à orner le principal autel de l'église de la Sorbonne. C'est le dernier ouvrage qui soit sorti de ses mains, et il lui arrivait souvent de dire qu'il ne pourrait jamais mieux couronner sa carrière ni mieux terminer sa vie. Il avait chez lui un crucifix de mêmes dimensions, mais en bois, qu'il avait sculpté autrefois. Il en fit don en mourant à Saint-Roch, sa paroisse, pour orner le grand

(1) Voir page 94.

autel ; mais la disposition de l'église ayant été changée, il fut placé depuis dans un des bas-côtés.

Nous venons d'esquisser la vie de Michel Anguier, et d'indiquer les nombreux travaux qui ont rendu l'artiste célèbre. Il nous reste à le présenter sous un autre point de vue, c'est-à-dire à montrer ce qu'il était comme critique et à faire connaître les réflexions qu'il a faites sur son art.

Depuis l'époque où il fut nommé adjoint à recteur de l'Académie, c'est-à-dire depuis la fin de l'année 1669, Anguier fit treize conférences dont nous donnons ci-dessous les dates et les sujets :

La première, du 9 novembre 1669, traite de l'Hercule du palais de Farnèse ;

La deuxième, du 2 août 1670, est sur le groupe de Laocoon et de ses enfants, « qui a été l'ouvrage d'Agesander, de Polidor et d'Athénodore, sculpteurs de l'ancienne école de Rhodes » ;

La troisième, du 1er août 1671, sur l'union de l'art avec la nature ;

La quatrième, du 2 juillet 1672, sur l'architecture, sculpture et peinture, « tirée du corps humain représenté comme une forte citadelle » ;

La cinquième, faite en août 1672 sur l'anatomie, pour bien connaître le mouvement et le repos des muscles et des autres parties nécessaires à la peinture et à la sculpture ;

La sixième, du 3 septembre 1672, sur une méthode particulière qu'il faut observer pour faire une figure anatomique de sculpture, et comme il s'en faut servir pour la facilité du dessin;

La septième, du 1er octobre 1672, sur l'action des muscles « dans le temps qu'ils sont agités par l'effet d'une volonté déterminée » ;

La huitième, du 9 juillet 1673, sur l'ordre que le sculpteur doit observer pour faire des bas-reliefs selon les antiques;

La neuvième, du 9 septembre 1673, sur le même sujet, « amplifié pour faciliter l'étude des élèves » ;

La dixième, du 7 septembre 1675, sur les diverses expressions de la colère;

La onzième, du 1er août 1676, pour montrer « qu'il faut représenter les divinités anciennes selon leur tempérament » ;

La douzième, faite en 1677 (la date nous est inconnue), sur « les trois parties nécessaires à faciliter le grand dessin » ;

La treizième, du 3 septembre 1678, sur le tableau du jugement dernier, peint par Michel-Ange, pour la chapelle du pape à Saint-Pierre de Rome.

Le comte de Caylus, dans son Mémoire sur les Vies de Michel Anguier et de Thomas Renaudin (1), dit que Michel lut quatorze conférences pendant les seize ans qu'il fit partie de l'Académie; il y en aurait donc une dont le titre nous manquerait. Mais il serait très possible que ce chiffre de quatorze donné par de Caylus fût erroné; car il est certain

(1) *Mémoires inédits sur la vie et les ouvrages des Membres de l'Académie royale de peinture et de sculpture*, op. cit. Tome I, page 463.

qu'il ignorait l'existence du manuscrit que possède la bibliothèque de l'École des Beaux-Arts et qui donne les titres et les dates des conférences faites par Anguier et rapportées ci-dessus ; de Caylus, en effet, dans son Mémoire, se plaint de l'incurie qui a régné dans la conservation des papiers de l'Académie et qui « nous a privés des morceaux et même « des titres de la plus grande partie » de ces conférences.

Nous aurions désiré compléter cette étude par leur transcription ou tout au moins leur analyse. Nos recherches ne nous ont permis de découvrir qu'un extrait de celle du 9 juillet 1673, que nous avons relevé dans le travail de de Caylus. En voici la reproduction :

L'Académie royale de peinture et de sculpture, animée d'un esprit de juste reconnaissance, avait résolu de donner à ses élèves comme sujet de concours pour ses grands prix : *les plus beaux faits d'armes de Louis XIV*. « Nos élèves, » dit Anguier, « ont représenté le passage du Rhin pour le prix de « cette année 1672, par la dégradation en perspective d'une « grande et vaste campagne, la plus profonde qu'ils ont pu « faire, dans laquelle ils ont placé leurs figures tant sur le « devant que sur les plans plus éloignés. Selon les règles de « la perspective, les principales figures qui sont posées sur « le devant doivent être petites et beaucoup plus détachées « du fond, celles qui sont plus éloignées diminuent à pro- « portion, et celles qui sont au-delà du fleuve se trouvent « par conséquent si petites qu'on ne peut leur conserver « aucune forme. Cet ordre de bas-reliefs, quoique naturel, « n'a aucun rapport avec les bas-reliefs des sculpteurs an-

« tiques; ils n'ont voulu faire aucunes figures inutiles ni « qui fussent perdues par la distance de laquelle on devroit « les voir. Ils ont eu raison de les tenir, tant celles du devant « que du derrière, les plus grandes qu'il leur a été possible; « ils vouloient les rendre distinctes et faire connoître le « sujet avec peu de figures, de la distance dont il devoit « être regardé. En effet, ceux qui ont étudié la sculpture ont « reconnu que les anciens sculpteurs ont apporté tous leurs « soins à ne pas changer leurs sujets et à bien disposer leurs « figures sur la première ligne du devant, les autres sur la « seconde et la troisième ligne de la dégradation, et si le « fond doit indiquer de l'architecture, elle doit être posée « sur une quatrième ligne, sans qu'il puisse y en avoir da- « vantage. Ces quatre lignes, dégradées selon la perspective, « ne s'éloignent que fort peu l'une de l'autre, d'autant plus « que la distance doit être beaucoup éloignée. Et vous savez, « Messieurs, qu'il faut une longue distance pour embrasser « par le rayon visuel une grande face d'édifice; c'est donc « par l'éloignement de cette distance que les quatre lignes « positives des figures s'approchent l'une de l'autre, et par « conséquent les figures auront peu de différence en hauteur « et en grandeur; par ce moyen, il n'y aura rien de perdu. « Les principales figures posées sur la première ligne seront « de deux tiers de leur grosseur, celles de la seconde ligne, « de demi-relief, celles de la troisième, d'un tiers, enfin, « celles de la quatrième, d'un quart; mais dans les disposi- « tions du bas-relief, il faut que le sculpteur agisse encore « plus par son bon jugement, par le conseil de personnes

« éclairées, et par les remarques qu'il aura faites sur l'an-
« tique que par la pratique du travail sur la matière. Nous
« avons vu faire à Rome, au plus habile sculpteur de notre
« siècle, un grand bas-relief de marbre blanc d'un travail
« admirable; quand il fut posé, on fut obligé de le changer
« deux fois de place. Si l'auteur avoit suivi le goût de l'an-
« tique, ce bel ouvrage auroit été beau en tous les endroits,
« mais, étant exécuté à la moderne, il ne peut être bien en
« aucune place. J'appuie sur cette vérité pour engager nos
« élèves à n'étudier que les bas-reliefs antiques; ils y
« remarqueront sans peine l'ordre de la nature pour la
« composition de l'histoire, la position des figures, l'aisance
« de leurs actions, la simplicité, le naturel de leurs drape-
« ries. Ces quatre points sont importants; aussi, les anciens
« sculpteurs ont été si exacts à les observer que tous leurs
« bas-reliefs ont une ressemblance générale.

« Passons à présent à la manière dont le sculpteur doit
« travailler, selon les places, à la composition, à l'action des
« figures, enfin à leur vêtement.

« Il faut commencer par savoir la proportion de la place,
« et si le bas-relief doit être peu ou beaucoup élevé; s'il l'est
« peu, on est libre de suivre l'ordre ordinaire des antiques,
« en s'accordant en quelque façon à l'ordre des colonnes,
« entre lesquelles l'ouvrage doit être posé. Par exemple, si
« c'est dans le dorique, les figures seront d'une proportion
« plus forte, ainsi que les draperies qu'on aura soin de dis-
« poser avec aisance, et faisant les plis grands et amples,
« sans les interrompre par des petits plis, sans les traverser

« par d'autres, enfin sans les couper par des cassures. Au « reste, les figures ne seront ni grossières ni pesantes, car « les proportions grosses, courtes et chargées de vêtements, « indiquent des gens de basse condition, c'est-à-dire que les « proportions doivent être grandes et fortes.

« La nature nous enseigne à faire les parties qui doivent « être fort élevées, plus délicates et plus légères que celles qui « sont posées plus bas ; par conséquent, si l'on veut exécuter « des bas-reliefs qui doivent être fort élevés dans l'ordre corin- « thien ou composite, il faudra faire les figures de grande pro- « portion, tenir les draperies délicates, mais grandes et amples, « les corps des figures couverts de linges légers qui ne « cacheront que médiocrement les contours. Les plus grands « plis et les chutes des draperies seront fort ouverts et se « détacheront du corps des figures. Ce genre de travail les « fera paraître fort amples et fort délicates ; car les ouvertures « des plis légers et délicats produiront de grandes parties « ombrées qui formeront un bel accord avec les membres « et les grands profils de l'ordre qu'elles accompagneront, « ces ordres étant eux-mêmes revêtus de grands et amples « contours recouverts de riches ornements, comme une « figure le peut être de ses draperies.

« Il est pourtant bon d'observer qu'il ne faut pas que les « grandes draperies détruisent la force, la rondeur et la « grandeur des figures et qu'il faut repousser en arrière les « chutes et les grands plis. Malheureusement nous ne pou- « vons tirer aucun exemple des bas-reliefs antiques ; il n'y « en a presque point qui soient posés dans les places pour

« lesquelles ils ont été faits. Cependant ceux qui seront bien « convaincus et bien pénétrés de ces préceptes pourront « démêler que ceux qui sont tels que je viens de le dire, ont « été sans doute placés dans une architecture avec laquelle « ils étaient accordés.

« Ces principes une fois posés, il faut savoir bien le sujet « qu'on doit représenter, et comme un bon poète fait sentir « un grand sujet en peu de vers, il faut rendre le point « d'histoire avec peu de figures, et retrancher toutes les « petites choses qui ne peuvent qu'embarrasser la place et « l'esprit de l'artiste. Cette simplicité donnera du mouve- « ment aux principales figures ; c'est ce que les Italiens ap- « pellent *campegiare,* ce que nous définissons en françois « par *donner du champ*. Ce moyen est absolument néces- « saire pour faire trouver aux principales figures la place « suffisante pour se mouvoir selon les actions qu'elles sont « obligées de faire.

« On aura soin d'exécuter son modèle sur la place de la « même grandeur que doit être le marbre, pour juger de « l'effet des figures, en se plaçant à la distance à laquelle « elles doivent être vues. Au reste, ce n'est pas quelquefois « le beau travail du marbre qui donne la beauté au tout « ensemble, c'est le contraste agréable.

« Il faut encore remarquer que toutes les actions ne sont « pas heureuses en bas-reliefs. Les sculpteurs anciens ont « ordinairement posé leurs figures de trois-quarts ou de « côté, d'autant qu'elles sont susceptibles de différentes « attitudes ; mais si on est obligé de mettre des figures de

« face, il faut prendre garde de ne point trop faire avancer « leurs bras ou ce qu'elles tiendront, ou de trop reculer « leurs jambes, car les unes ou les autres de ces parties se « trouveroient hors de la perspective et de la saillie du bos- « sage. Les figures en pied sont les plus heureuses dans ce « genre d'ouvrage, car les draperies ont plus de liberté. »

On voit, au commencement de cette étude, un portrait de Michel Anguier, d'après une gravure de Laurent Cars, que ce dernier avait exécutée pour sa réception à l'Académie de peinture et de sculpture, le 31 décembre 1733, en s'inspirant du tableau de Gabriel Revel. Ce peintre avait lui-même fait ce portrait à l'occasion de sa réception à la même Académie, le 27 février 1683. Il est presque inutile de rappeler ici que nous possédons à Rouen une statue de Michel Anguier, due au ciseau du sculpteur Tournoi, et qu'elle se trouve au square Solférino, comme pendant de celle de Nicolas Poussin.

Nous terminerons l'étude de la vie des deux Anguier par quelques mots sur leurs élèves. Parmi eux, nous citerons d'abord, d'après Dargenville (1) et de Caylus (2), Thomas Regnauldin (1626-1706), originaire de Moulins. Ce sculpteur, qui avait pris les défauts de son maître sans s'en approprier les qualités, fut reçu à l'Académie en 1657. Son meilleur ouvrage est à Versailles, au bassin d'Apollon : ce

(1) *Vie des fameux architectes et sculpteurs*, op. cit. Tome II, page 172.

(2) *Mémoires inédits sur la vie et les ouvrages des membres de l'Académie royale de peinture et de sculpture*, op. cit. Tome I, page 175.

sont trois nymphes placées derrière le fils de Jupiter ; deux d'entre elles tiennent des urnes, tandis que la troisième prend soin de sa chevelure.

François Girardon (1628-1715) fut également élève de François Anguier et de son frère Michel. Voici, à ce propos, ce que nous lisons dans le Mémoire de Grosley sur F. Girardon : « Girardon avait de M. Quinet des lettres de « recommandation pour M. Colbert et pour M. Mignard. « Mignard se servit de son crédit pour faire paraitre avec « éclat les talents de son jeune compatriote (Girardon) qui « les perfectionna encore en travaillant sous les An- « guier (1). »

Les deux frères Marsy, de Cambrai, Gaspard (1625-1681) et Balthazar (1628-1674, (furent encore les élèves de François Anguier. Guilbert de Saint-Georges nous l'apprend d'abord, et un des frères Marsy nous le dit lui-même dans un discours académique qu'il prononça en 1669 et qui traitait du torse d'Hercule, discours dans lequel il fut amené à parler de ses maîtres. Parmi eux, il cite l'aîné des Anguier (2).

(1) *Mémoires inédits sur la vie et les ouvrages des membres de l'Académie royale de peinture et de sculpture*, op. cit. Tome I. page 296.

(2) *Ibidem*, pages 307 et 311.

DEUXIÈME PARTIE

DESCRIPTION ET HISTORIQUE DES ŒUVRES DES FRÈRES ANGUIER

1° ŒUVRES DE FRANÇOIS ANGUIER

Tombeau de J.-A. de Thou

En entrant dans l'église Saint-André-des-Arcs, qui fut détruite à la Révolution, on voyait, à droite de la nef, la chapelle de la famille de Thou. C'est là que se trouvait le mausolée de Jacques-Auguste de Thou, connu par *l'Histoire de son temps*, en 138 volumes, qu'il écrivit en latin. Dulaure nous décrit ainsi le tombeau du célèbre historien (1) : « Sa figure est représentée à genoux « entre celles de ses deux femmes, qui sont dans la même « attitude ; la première, du côté de l'autel, est la figure de « Marie de Barbançon-Cani ; l'autre est Gasparde de la « Chartre, seconde femme. » Ce beau monument, ajoute Dulaure, est l'œuvre de François Anguier. Cette assertion n'est point tout à fait exacte, la statue de Marie Barbançon n'étant pas de François Anguier, mais bien de Barthélemy Prieur, ainsi que de Thou nous l'apprend lui-même lorsqu'il nous dit qu'après la mort de sa première femme, il chargea Barthélemy Prieur d'en exécuter la statue.

Ces trois statues étaient placées sur l'entablement du monument dont le corps était formé par un sarcophage élevé sur un socle ; aux extrémités de ce sarcophage on voyait deux figures d'hommes accroupies et soutenant ainsi l'entablement, concurremment avec quatre colonnes de marbre à bases et chapiteaux de bronze, entre lesquelles était encadré le sarcophage.

Après la démolition de Saint-André-des-Arcs, Alexandre Lenoir, alors conservateur du Musée des Monuments français, fut autorisé par le Ministre de l'Intérieur à racheter à l'acquéreur de l'église désaffectée les débris de la chapelle des de Thou, et c'est ainsi qu'il put reconstituer (2) le tom-

(1) Dulaure, *Nouvelle description des curiosités de Paris*. Paris, le Jay, 5e édition. 1791 ; tome I. page 50.

(2) Nous relevons, dans l'état des dépenses faites au Musée des Monuments français pendant le cours de l'an IX (23 septembre 1800 au 22 septembre 1801), que les frais de restauration du mausolée de de Thou s'élevèrent à la somme de 796 francs.

TOMBEAU DE JACQUES-AUGUSTE DE THOU

beau de J.-A. de Thou. Nous voyons le *fac-simile* de cette restauration reproduit dans le *Musée des Monuments français* (tome V, page 155, planche 177). Cette gravure est de Percier. En voici d'ailleurs, d'après Lenoir, la description :

De Thou est agenouillé, tête nue; il est vêtu d'un long manteau fourré d'hermine qu'il relève de la main gauche, tandis que, de la droite, il tourne les feuillets d'un livre posé sur un prie-dieu; ce prie-dieu est formé d'une figure d'ange qui soutient une sorte de console renversée. La statue de de Thou est en marbre; sa hauteur est de 1 m 50. Elle est posée sur un piédestal, dans lequel on voit un bas-relief en bronze, un des beaux morceaux d'Anguier, représentant l'Histoire inscrivant le titre des œuvres de l'historien. L'Histoire, sous les traits d'une femme ailée, à demi-nue, est assise et écrit sur une tablette, soutenue par un enfant, les mots qui suivent : « Jacobi Augusti Thuani historiarum sui « temporis libri CXXXVIII. » Un petit enfant tenant une branche d'olivier entoure de son bras gauche le cou de celui qui supporte la tablette; un autre, ayant à la main une longue trompette, avance la tête pour voir les mots écrits par l'Histoire. Vers l'extrémité gauche du bas-relief, trois génies sont en train d'entasser des livres; de l'autre côté, cinq autres forment un groupe allégorique destiné à rappeler les qualités de l'historien. Ce bas-relief en bronze mesure une largeur moyenne de 1 m 22 sur 0 m 33 de haut. Peu s'en fallut d'ailleurs que cette belle composition ne fût à jamais détruite pendant les troubles de la Révolution. Elle avait été, en effet, portée au Magasin de la Ville pour y être fondue;

nous avons connaissance de ce fait par une lettre de Lenoir du 14 brumaire an II (4 novembre 1793), adressée au citoyen Chaumette, procureur de la Commune de Paris, et réclamant, pour le Dépôt des Monuments français, le bas-relief en question, ainsi que plusieurs autres bronzes qui devaient avoir le même sort. Il fut fait droit, hâtons-nous de le dire, à la requête de Lenoir, mais à la condition toutefois qu'il donnerait en échange le même poids de cuivre à fournir « en accessoires inutiles de monuments ».

Ce tombeau portait les n°s 165 et 166 du *Catalogue du Musée des Monuments français* de l'année 1798. Lors de la suppression de ce musée, en 1816, après être restées plusieurs années délaissées dans les magasins de l'École des Beaux-Arts, les diverses parties composant ce tombeau furent dispersées ; la statue de de Thou, avec le bas-relief de bronze, se voient actuellement au Louvre, Musée de la Renaissance, dans la salle des Anguier (n°s 190 et 191 du *Catalogue* de Barbet de Jouy). Quant à la statue de Gasparde de la Chartre (hauteur 1[m]36), elle fut transportée, par ordre de Louis-Philippe, au château de Versailles, où on la voit encore dans l'aile du Midi (galerie de sculpture parallèle à la galerie des batailles et qui règne derrière celle-ci) (1). Enfin le sarcophage se trouve encore actuellement à l'École des Beaux-Arts. Piganiol, dans sa *Description de Paris* (2), a

(1) Voir *Notice des peintures et sculptures de Versailles*, par Eud. Soulié. Versailles, 1855, tome II, n° 2729, page 314.

(2) *Description historique de la ville de Paris et de ses environs*, par Piganiol de la Force. Paris, 1765, 10 vol. in-12, tome VII, p. 88.

donné une gravure du tombeau de de Thou tel qu'il était à Saint-André-des-Arcs. Nous voyons une réduction de cette gravure ainsi qu'un *fac-simile* de la restauration faite par Lenoir dans un récent ouvrage de M. L. Courajod (*Alexandre Lenoir, son journal et le Musée des Monuments français*, Paris, Champion, 3 vol., 1878-1886 ; tome II, pages 143 et 145). D'un autre côté, une gravure au trait de Lagée, dans les *Annales* de Landon, représente la statue de Gasparde de la Chartre. Enfin, dans la *Galerie historique de Versailles* se trouve une planche, dessinée par Girardet et gravée par Conquy, représentant les statues de l'historien et de sa seconde femme.

Tombeau du Cardinal de Bérulle

Ce tombeau se trouvait dans la chapelle de gauche de l'église de l'Oratoire, rue Saint-Honoré, servant aujourd'hui au culte protestant. Il était en marbre; le cardinal, qui mourut en 1629, en disant sa messe, était représenté à genoux, devant un livre ouvert que soutenait un ange. Voici, d'après Millin, la description de ce mausolée : « Autour « de cette tombe est un encadrement composé de petits « tableaux renfermant des figures allégoriques et des cou- « ronnes d'épines au milieu desquelles on lit ces mots : « JESUS MARIA ; c'étaient les armoiries de la congrégation « de l'Oratoire; le tout est terminé par l'écusson de Bérulle, « supporté par deux génies; ses armes sont de gueule au « chevron d'or, accompagnées de trois molettes de même

« et une couronne d'épines enfermant les mots : JESUS « MARIA. »

A la Révolution, ce mausolée fut déposé au Musée des Monuments français, où, sous le n° 168 de son *Catalogue* (1), Lenoir le classa à tort comme étant de Michel, car il est bien l'œuvre de François (2).

Depuis, il a été détruit, et le seul vestige qu'il en reste est le buste du cardinal que Lenoir fit scier sur le tronc qui avait été mutilé. Le 14 juillet 1803, M. Vivant-Denon, Membre de l'Institut, Directeur général du Musée central des Arts, prescrivait à Lenoir d'envoyer au collège de Juilly la statue du cardinal de Bérulle. Voici le texte de cette lettre :

« Paris, ce 25 messidor, an XI de la République française.

« Je vous invite, Citoyen Conservateur, à remettre au Directeur du Collège « de Juilly la statue du cardinal de Bérulle qui est déposée dans le jardin de « votre Musée.

« Je préviens le Ministre de cette restitution et lui mande que, votre établisse- « ment possédant une autre statue du même personnage, votre série ne se « trouve point décomplétée.

« J'ai l'honneur de vous saluer.

« DENON. »

En réalité, le Musée des Monuments français possédait trois figures du cardinal de Bérulle. Mais il n'est pas certain

(1) *Catalogue du Musée des Monuments français*, 3ᵉ édition, an V de la République, page 137.

(2) Les historiographes de Michel Anguier ne lui ont jamais, en effet, attribué cette œuvre.

TOMBEAU DU CARDINAL DE BÉRULLE

que le buste envoyé au Collège de Juilly soit dû au ciseau d'Anguier (1). D'après l'abbé Houssaye (2), l'œuvre de François serait à Paris, dans la maison que les Pères de l'Oratoire y possèdent rue d'Orsel.

Nous voyons, dans les *Antiquités nationales* de Millin, une reproduction du tombeau du cardinal de Bérulle tel qu'il était dans l'église de l'Oratoire (Tome II, n° XIV, planche 3, page 9). Cette gravure est de L. Carpentier.

Tombeau du duc de Montmorency

C'est en 1651 que fut commencé, sous la direction et les plans de François Anguier, le tombeau de Henri II, duc de Montmorency. Ce monument orne aujourd'hui la chapelle du Lycée établi dans l'ancien couvent de la Visitation, fondé au XVIIe siècle par Mme de Chantal. Le tombeau dont nous nous occupons fut élevé à la mémoire du Connétable par Marie-Félice des Ursins, sa veuve, qui mourut supérieure de ce monastère, où elle s'était retirée après la mort tragique de son époux.

Le mausolée, œuvre capitale de F. Anguier, est de style composite; il présente quatre colonnes de marbre noir,

(1) Voir l'*Inventaire général des richesses d'Art de la France* : Paris, Monuments religieux, tome I, Temple de l'Oratoire. — Voir encore dans le même *Inventaire* les Archives du Musée des Monuments français, tome I, pages 309-310, d'où est extraite la lettre précitée. Consulter enfin L. Courajod, op. cit. Tome II, p. XXXI de l'Avertissement.

(2) *Vie du cardinal de Berulle.*

supportant un entablement et un fronton d'une belle exécution; en avant, sur un socle également en marbre noir, portant l'épitaphe du défunt gravée en lettres d'or, s'élève le sarcophage en marbre de même couleur. Le Connétable y est représenté à demi-couché, vêtu d'une cotte d'armes romaine, et s'appuyant sur son coude; d'une main il tient son casque; de l'autre son épée. Près de lui, à droite, au second plan, la duchesse est assise, vêtue d'une mante, la figure voilée; elle a les mains jointes et les yeux levés au ciel. A gauche du tombeau, on voit une statue d'Hercule symbolisant la Force; à droite, une femme assise, et tenant une bourse ouverte, représente la Charité. Ces quatre statues sont en marbre blanc. Dans les entrecolonnements figurent, à gauche, le dieu Mars, le casque en tête et la lance au poing; à droite, la Religion, une croix d'or à la main. Au dessus du sarcophage, dans une niche, deux anges entourent d'une guirlande de fleurs l'urne cinéraire; enfin, à la partie supérieure du fronton, deux femmes, de 6 pieds de haut chacune, tiennent le manteau ducal dont le milieu est chargé de l'écu de Montmorency. C'est en marbre de Carrare que sont toutes ces statues. Enfin, sur les deux côtés de la grille, on voit deux grandes figures représentant, l'une la Foi, et l'autre l'Espérance. Au dessus de la grille, se trouve un bas-relief où est figurée la Charité, accompagnée de plusieurs enfants, le tout en pierre de Tonnerre.

Ce tombeau, classé parmi les monuments historiques, est en grande partie l'œuvre de François Anguier, excepté pour la statue d'Hercule, qu'on doit à Michel, et celles des deux anges surmontant le mausolée et des Vertus théologales placées sur les côtés de la grille, qui sont dues au ciseau de Thibault Poissant.

Nos lecteurs nous sauront probablement gré de mettre sous leurs yeux une critique en même temps qu'une description de ce mausolée, dues à une plume dont il n'est pas besoin de faire l'éloge. Voici, en effet, comment s'exprime l'auteur de *Colomba* et des *Lettres à une inconnue* dans ses *Notes d'un voyage en Auvergne* (1).

« On attribue à un sculpteur italien, nommé Agheri, le « tombeau, en marbre noir, les statues de la duchesse et de « son mari, et les figures presque colossales du Courage et « de la Libéralité, placées à droite et à gauche du sarco- « phage : ces quatre statues sont en marbre blanc. L'église « de la Visitation fut bâtie par Thibault Poissant, et c'est « sous sa direction que fut construit un grand et lourd « rétable en pierre, devant lequel est élevé le tombeau. Il « est chargé de figures allégoriques d'un fort mauvais style, « et surmonté, ou plutôt écrasé par un énorme écusson, « que soutiennent deux anges. Toute cette décoration, « aussi bien que l'église, me paraît d'une désespérante « médiocrité, et je n'y vois rien à louer, sinon deux génies « assez bien posés, qui ornent de guirlandes un vase funèbre.

« Les statues de l'Italien sont meilleures. A gauche du « tombeau, un Hercule au repos, personnification du cou-

(1) P. Mérimée, *Notes d'un voyage en Auvergne*, Paris, H. Fournier, 1838, page 386.

« rage, me semble une bonne académie, bien modelée; je « voudrais seulement que la tête ne fût pas celle d'un « athlète, mais d'un Dieu. Quant à la Libéralité, qui fait « pendant, ce n'est qu'une grosse femme bien commune, « qui tient dans sa main des écus dont elle a une pleine « corbeille sur ses genoux. Son attitude surprend par son « inconvenance; le pied droit, singulièrement tortillé, « attaché à une cheville osseuse, repose sur le genou « gauche; il est vrai qu'une longue robe empêche que la « décence ait à souffrir. Je dois convenir que les draperies « sont bien et largement traitées.

« Sur le sarcophage, le duc de Montmorency, vêtu en « empereur romain, appuyé sur son casque et tenant son « épée de la main gauche, couché d'ailleurs fort conforta- « blement, a l'air d'un homme blasé qui minaude et cherche « des tours de tête gracieux. A côté de lui et en arrière, la « duchesse est assise, les mains jointes sur le genou, dans « cette attitude d'abattement pensif où Desdemona-Pasta « savait allier tant de naïveté à tant de noblesse. Elle regarde « le ciel et semble lui demander de la résignation. La tête, « où respire une douleur profonde et concentrée, est d'une « beauté idéale. Tout l'ajustement est parfaitement disposé; « revêtue de longues draperies, cette figure me rappelle, « de bien loin il est vrai, par la forme de ces vêtements « qui laissent deviner les formes sans les accuser, l'admi- « rable groupe des Parques du Parthénon. Il est facile de « voir d'ailleurs que le sculpteur avait étudié l'antique et « s'était pénétré de ses modèles. Je ne crois pas qu'il soit

TOMBEAU DU DUC DE MONTMORENCY

« possible de mieux rendre les détails, la souplesse des
« étoffes, par exemple, et leur différent degré de finesse,
« Ainsi, la robe de dessous, plissée à petits plis, et parfaitement moelleuse, se distingue par un travail particulier du
« manteau qui la recouvre, d'une étoffe moins souple et
« plus épaisse. J'en viens à la critique la plus sérieuse qu'on
« puisse faire à toute cette composition. Son défaut capital,
« c'est le manque d'ensemble. Non seulement les deux
« figures allégoriques ne s'y lient en aucune façon, mais
« encore, pour être placées l'une à côté de l'autre, les deux
« statues principales ne forment point un groupe. Rien de
« plus facile que de les séparer (1) : peut-être même y
« gagneraient-elles; car ce jeune homme, détournant la
« tête d'un air d'ennui, à côté de cette femme désolée, ne
« rappelle que trop une scène conjugale de comédie. Un
« fat, boudant sa femme qui a la bonté de l'aimer, voilà
« l'idée qui se présente involontairement. On peut répondre,
« il est vrai, qu'une partie de la critique tombe sur la ressemblance historique du héros, dont les traits efféminés
« démentaient le grand courage : mais pourquoi ne pas lui
« faire regarder sa femme, pourquoi ne pas donner aux deux
« statues un mouvement simultané qui les réunisse par un
« même sentiment? Il paraît que Henri de Montmorency
« n'était point un modèle de tendresse et de fidélité con-

(1) C'est ce qui a été fait, du reste, au Musée de Versailles, où l'on voit, dans la galerie des tombeaux, deux modèles en plâtre, le premier de la statue du duc, le second de celle de sa femme, et qui ne sont point placés à côté l'un de l'autre.

« jugale; mais, sur son tombeau, il ne fallait pas rappeler « au spectateur les anecdotes scandaleuses que les mémoires « du temps ont recueillies. »

Nous venons de voir que Prosper Mérimée a attribué à un sculpteur italien, du nom d'Agheri, l'œuvre de François Anguier. Comment l'Inspecteur général des monuments historiques a-t-il pu commettre une pareille erreur? C'est ce que Jal va nous apprendre; aussi bien lui laissons-nous la parole :

« M. Mérimée prit à la lettre cette phrase du portier de « Moulins, traditionnelle depuis 150 ans : « Le magnifique « ouvrage que vous voyez est l'œuvre d'un Italien nommé « Anguière. » Cette phrase, ajoute Jal, je l'entendis au « mois d'avril 1811, venant de Lyon, et allant à l'école « navale de Brest; et je l'entendis encore en juin 1854, « quand, épuisé par le travail, j'allai demander la force à « l'air vif du Morvan. La première fois, je n'étais pas en « mesure de contredire le *custode* de l'église de la Visitation; « la seconde, je me permis de le reprendre et de lui dire « que le monument dont il est le gardien est l'œuvre des « frères Anguier, artistes normands qui l'exécutèrent à leur re- « tour d'Italie. Le brave homme ne voulut jamais me croire; « il savait « très bien la chose de ses prédécesseurs, et, « d'ailleurs, c'est imprimé », me dit-il, d'un ton qui ne « laissait pas d'espoir à la réplique. Il avait à me montrer « le livre de M. Mérimée, et je n'avais pas, moi, tous les « ouvrages où il aurait pu voir que M. Mérimée fut trompé « par un cicerone ignorant, écho d'un mensonge tenu

« depuis longtemps à Moulins pour une vérité respectable « et venu d'une confusion facile à comprendre quand on « connaît l'histoire des Anguier. »

J. Marot a reproduit par la gravure le mausolée du duc de Montmorency. Cette estampe, de la dimension d'un grand in-folio, se voit au Cabinet des estampes, à la Bibliothèque nationale, dans la Topographie de la France (Allier), ainsi que dans le dossier particulier relatif aux œuvres de F. Anguier. Au-dessous se lit cette inscription : « Excellentissimæ Principi, Mariæ Felici Ursinæ, Duci Montmorenciæ Mausolæi quod ex vano marmore in urbe Molinensi, magno sumptu, maiori amore, maximo luctu Coniugi meritissimo mœrens posuit. Hanc œre incisam descriptionem Franciscus Anguierus, totius operis author et artifex, observantiæ suæ perenne monumentum obtulit. Anno salutis MDCLVIII. Citons encore une reproduction de ce monument par la lithographie faite à Moulins, chez Desrozières, d'après un dessin de Thouars, datant de l'année 1829.

Tombeau de Jacques de Souvré

Dulaure, dans son *Histoire de Paris*, nous apprend que Jacques de Souvré de Courtenvaux, grand Prieur de France, avait fait construire son tombeau longtemps avant sa mort, c'est-à-dire avant 1670. L'exécution en fut confiée à François Anguier. Il fut placé dans l'église de Saint-Jean-de-Latran, qui appartenait à l'ordre de Malte et faisait partie de la commanderie que cet ordre avait établie à Paris.

Guillet de Saint-Georges a écrit sur Jacques Sarrazin, recteur de l'Académie royale de peinture et de sculpture, un mémoire qu'il lut à cette assemblée le 3 décembre 1689. Dans le manuscrit de ce discours on lit que l'historiographe de l'Académie attribue à ce dernier sculpteur le tombeau de J. de Souvré. C'était une erreur dont Van Clève a fait justice; cet artiste a en effet rayé sur la minute de Guillet le passage relatif à cette assertion, et a écrit en marge du cahier manuscrit : « Ce tombeau est de M. François Anguer *(sic)*, « dit l'Ené *(sic)*, avec la Vierge qui est dessus le maître-« autel de Saint-Jean-de-Latran. » Comme nous le verrons tout à l'heure, M. de Caylus, soixante ans plus tard, dans un mémoire lu à cette même Académie, fut amené à parler des œuvres de François, au nombre desquelles il cite le tombeau qui nous occupe. C'est donc à tort que Piganiol, dans sa *Description de Paris* (1), donne ce monument comme étant de Michel.

Ce mausolée, nous apprend Guillet, se trouvait dans l'église de Saint-Jean-de-Latran, à droite du chœur. Germain Brice, dans son *Histoire de Paris*, nous en donne une description que nous reproduisons ici : « Ce tombeau, dit « cet auteur, est de l'invention et de la conduite d'Anguier « l'aîné et peut passer pour le plus bel ouvrage que ce « maître habile ait fait. Il est tout de marbre choisi, d'un « dessin assez particulier. On y voit deux termes sortant « de leurs guesnes qui sont cannelées, ou plutôt pour se

(1) Piganiol, op. cit., tome V, pages 377.

TOMBEAU DE JACQUES DE SOUVRÉ

« servir des termes d'un nouvel auteur en architecture, ce « tombeau est orné de deux colonnes hermétiques qui sou- « tiennent un grand couronnement, avec un fronton sous « lequel on voit la figure de celui pour qui ce monument a « été érigé, couchée sur un sarcophage ou forme de tom- « beau, de marbre noir. Les deux corps qui portent l'enta- « blement dans lesquels les termes sont nichez de même « que le fronton, sont d'une espèce de brèche antique. » Ajoutons, pour compléter cette description qui, si elle a le mérite d'être assez claire, laisse, quant à la forme, quelque peu à désirer, que le bras droit de la statue couchée sur le sarcophage est soutenu par un ange en pleurs et qu'on voit à ses pieds une cuirasse surmontée d'un casque.

A la Révolution, ce mausolée fut transporté au Dépôt des Petits-Augustins. Ce fut le 18 avril 1793 (1) qu'il fut remis à Lenoir, et désigné provisoirement sous la rubrique suivante : « Un guerrier de marbre blanc et un cénotaphe de « marbre noir. » Il figura ensuite au Musée des Monuments français sous son véritable titre (nº 191 du *Catalogue*). Après la suppression de ce Musée, le tombeau de Jacques de Souvré prit place d'abord dans une des galeries du Musée de Versailles, puis ensuite au Louvre, dans la salle des Anguier au Musée de la Renaissance : on l'y voit encore aujourd'hui; il est indiqué au *Catalogue* de A. Barbet de Jouy sous le nº 123.

(1) V. *Inventaire général des Richesses d'Art de la France*, Archives du Musée des Monuments français, tome II, page 47.

Lenoir, dans la *Description détaillée des œuvres réunies au Musée des Monuments français*, a donné une gravure de ce tombeau faite par Percier (planche 185, tome V, page 91). Un dictionnaire d'art, édité en Allemagne (1), indique que Jean Marot en a publié également une estampe. Dans la *Galerie historique de Versailles*, nous voyons une planche dessinée par Hébert et gravée par Aug. Blanchard fils, représentant le groupe qui ornait le tombeau du Commandeur. Enfin, Piganiol, dans sa *Description de Paris*, nous donne (tome V, page 378) une gravure de l'œuvre qui nous occupe, due au burin d'Hérisset.

Voici l'appréciation qu'a donnée de cette œuvre de F. Anguier M. de Caylus, dans son mémoire sur Michel Anguier, mémoire dont il fit lecture à l'Académie le 3 mai 1749, et dans lequel il consacre quelques lignes à l'aîné des deux frères : « Le travail de la figure, dit-il, est un « peu dur et lourd ; mais la composition, singulière et d'un « génie austère, mérite considération. »

Vierge du maître-autel de Saint-Jean-de-Latran

F. Anguier fit encore, nous l'avons déjà vu, pour l'église de Saint-Jean-de-Latran, une vierge qui en décorait le maître-autel. Mais, au dire de Germain Brice et de M. de Caylus, cette composition était assez médiocre.

(1) *Neuer allgemeiner Kunstler Lexicon*, par Nagler.

Tombeau de Henri Chabot

C'est encore au ciseau de F. Anguier que l'on doit le tombeau de Henri Chabot, duc de Rohan, mort en 1655 à l'âge de trente-neuf ans. Il était placé dans l'église des Célestins, le premier à droite, en entrant de la chapelle de Gesvre dans celle d'Orléans. Millin nous en donne la description suivante :

« Le duc est représenté », nous dit l'auteur des *Antiquités nationales*, « enveloppé dans son manteau ducal dont « un génie ailé le couvre en gémissant, pendant qu'un « autre, également affligé, lui soutient la tête au moment « de le déposer dans son tombeau, au dessous duquel sont « ses armes réunies en faisceaux; au dessus on voit ses « armoiries.

« Ce monument est placé dans un encadrement de marbre « blanc : les deux montants sont ornés de faisceaux de « branches d'olivier réunies par des bandelettes, et sortant « d'une grosse fleur assez semblable au Narcisse des poètes ; « ces deux montants supportent une plinthe ornée de tri- « glyphes entre lesquels sont trois chabots (1) ; les côtés de « cette plinthe sont décorés d'armoiries ; le tout est sur- « monté de deux autels ornés de têtes de béliers et de guir- « landes, et qui portent des vases dans lesquels fument des « parfums. ».

(1) Chabot est le nom d'un petit poisson qui figure comme arme parlante dans les armoiries de la famille des Chabot.

A la Révolution, en 1791 ou 1792, fut transféré au Musée des Petits-Augustins le groupe en marbre représentant le duc, soutenu par deux génies, que nous venons de décrire ci-dessus. Lenoir en fit une restauration et l'inventoria sous le n° 183 de son *Catalogue* (1). Il y resta jusqu'au mois de mars 1795 (2), époque à laquelle nous l'en voyons sortir pour être déposé au Musée du Louvre. Depuis, il fut transporté au Musée de Versailles, où on le voit actuellement dans la galerie n° 96 (3).

Nous voyons, dans les *Antiquités nationales* de Millin, une gravure de G.-Ph. Carpentier (n° III, planche 11, page 53), et dans la *Description de Paris* par Piganiol (4) (tome IV, p. 208), une autre gravure représentant le tombeau de Henri Chabot avec son encadrement, tel qu'on le voyait dans l'église des Célestins. D'autre part, Lenoir, dans son *Catalogue raisonné du Musée des Monuments français* (tome V, planche 181, page 78), a publié une planche gravée par L. Guyot et reproduisant le groupe en marbre qui, provenant de ce mausolée, avait été donné à ce Musée. Nous lisons encore dans l'ouvrage allemand cité au sujet du tombeau de J. de Souvré, que celui de Henri Chabot fut encore gravé par Marot. Ajoutons enfin que la *Galerie histo-*

(1) *Catalogue* de l'an VIII, page 273.

(2) Voir *Inventaire général des Richesses d'art de la France*, Archives du Musée des Monuments français, tome II, page 235.

(3) *Notice des peintures et sculptures du Musée de Versailles,* par Eud. Soulié, op. cit., n° 1874 du *Catalogue*.

(4) Op. cit.

TOMBEAU DE HENRI CHABOT

rique de Versailles contient une planche représentant le groupe en marbre qu'on voit actuellement au musée de cette ville; cette planche, dessinée par Hébert, a été gravée par Aug. Blanchard.

Statues de la Porte Saint-Antoine

On sait que, lorsque Louis XIV ramena d'Espagne en France, en 1660, Marie-Thérèse qu'il venait d'épouser après la conclusion de la paix des Pyrénées, la rentrée à Paris des jeunes époux eut lieu d'une manière solennelle; ce fut par la porte Saint-Antoine qu'elle s'effectua. Aussi, à cette occasion, François Anguier fut-il chargé de décorer de deux statues les niches placées de chaque côté de la grande baie de cette porte. L'une représentait « l'Espérance »; l'autre figurait « la Sûreté publique ».

Nous ne saurions mieux faire que de mettre sous les yeux de nos lecteurs la description et l'appréciation de ces statues que nous avons trouvées dans la relation officielle de l'entrée de Louis XIV à Paris (1) :

L'extrémité de l'arc de pierre sur le pont dormant de la

(1) L'Entrée triomphante de leurs Maiestez Louis XIV et Marie-Thérèse d'Avstriche, son espouse, dans la ville de Paris, capitale de leurs Royaumes, av retovr de la signature de la paix generale et de leur hevrevx mariage, enrichie de plusieurs Figures, des Harangues et de diuerses Pièces considérables pour l'Histoire, le tout exactement recueilly par ordre de Messieurs de Ville et imprimée l'an MDCLXII avec Privilège dv Roy. — Paris, Pierre le Petit, Imprimeur.

porte Saint-Antoine « est fermée par un grand portique de « pierre de taille qui laisse le passage très libre et commode « par le moyen de trois ouvertures, dont celle du milieu, en « forme d'arcade fort élevée, sert aux carrosses, et les deux « autres, des côtés, pour les gens de pied.

« Or, comme celles-ci sont plus basses, on a pratiqué au « dessus deux cadres, où l'on a mis des marbres noirs « chargés de ces inscriptions : *Spes gallica* et *Securitas* « *publica*, qui correspondent aux figures placées dans les « niches et qui ont été pratiquées entre les pilastres.

« Ces figures représentent les suites infaillibles de la paix, « à l'immortalité de laquelle cet arc a été de nouveau con- « sacré ; celle de main droite tient un ancre, au bras duquel « un dauphin semble s'être attaché pour montrer l'espé- « rance que la France a conçue de cette paix cimentée par « le mariage. L'autre est la Sûreté publique, qui s'appuie « sur une colonne avec un maintien si grave et un visage « si serein, qu'on juge assez qu'elle ne voit plus rien à « craindre. Et c'est en quoi le sieur Enguerre *(sic)* a fait « voir la force de son génie et l'adresse de son ciseau dans « l'action dont il a animé ces figures qui passent aujourd'hui « pour des plus achevées que la France possède de son crû, « et il était bien juste qu'elles acquissent cette réputation à « leur auteur, puisqu'il n'eut pas un but moins relevé en « les faisant. »

Pendant plus d'un siècle, ces statues furent un des plus beaux ornements de cette porte monumentale. Mais en 1777 la démolition de la porte Saint-Antoine fut décidée et exécutée; pourtant les divers morceaux de sculpture qui la décoraient ne furent point détruits. Nous voyons, en effet, que par délibération du « mardy » 24 novembre 1778, le Bureau de la Ville de Paris (1), composé du Prévôt des marchands et des Echevins, fixa les nouvelles destinations qu'il y avait lieu de leur donner; particulièrement, en ce qui concerne les deux œuvres de François Anguier, il fut décidé qu'on prierait M. de la Michodière, ancien Prévôt des Marchands, « de les laisser placer dans le jardin de son hôtel, rue de « Braque, au coin de la rue du Grand-Chantier, sur deux « piédestaux qui y seraient construits. » M. de la Michodière acquiesça à cette demande et offrit avec plaisir asile à ces statues, s'engageant d'ailleurs « à les remettre toutes et « quantes fois et à qui le Bureau de la Ville jugera à propos ».

Nous ignorons le temps qu'elles restèrent dans ce jardin; mais nous apprenons, par la lecture d'une lettre de M. Ginguené, directeur général de l'Instruction publique, à Alexandre Lenoir (2), en date du 23 fructidor an V (9 septembre 1797), que, par décision ministérielle du 9 fructidor précédent, ce dernier avait été autorisé à transporter au Musée des Monuments français deux statues provenant de la démolition de la Porte Saint-Antoine. Ce sont précisément celles qui nous occupent; elles figuraient au *Catalogue* de Lenoir sous le n° 477.

(1) Le texte de cette délibération a été publié dans les *Nouvelles archives de l'Art français*, 2e série, tome III, page 263. Paris, 1882.

(2) *Inventaire général des richesses d'art de la France*. Archives du Musée des Monuments français.

Lors de la suppression du Musée, en 1816 (1), ces statues furent attribuées à Saint-Roch. Comment? Le voici :

Des critiques, doués de peu de clairvoyance et d'une instruction qui laissait sans doute à désirer, avaient cru reconnaître, dans la *Spes gallica* et dans la *Securitas publica*, deux vertus chrétiennes : la Force et l'Espérance. Il est vrai que le dauphin, enroulé autour de l'ancre de l'Espérance, gênait un peu cette interprétation ; mais on eut vite raison de cette difficulté : on supprima purement et simplement l'image de l'animal en la passant au rabot. L'architecte Legrand les dressa de chaque côté de la porte centrale de Saint-Roch, entre les colonnes accouplées qui en forment l'encadrement.

Elles restèrent là jusqu'en 1868, époque à laquelle furent accomplis, à cette église, certains travaux de restauration. On s'aperçut à ce moment de l'erreur commise, et les statues trop longtemps canonisées furent expulsées pour être rendues à la vie profane. On en fit don au Musée de la ville de Paris, le Musée Carnavalet, où on peut encore les voir. Elles sont, à l'heure actuelle, placées au milieu de la longueur des arcades, aux deux côtés d'une statue, sans nom d'auteur, représentant l'Abondance. Une étiquette indique leur nom, leur provenance et leur auteur.

Une belle estampe de Jean Marot, jointe à la relation officielle de l'entrée de Louis XIV et de Marie-Thérèse à Paris, nous montre la porte Sainte-Antoine dans son pre-

(1) Le Musée des Monuments français fut supprimé par Ordonnance royale du 18 décembre 1816.

mier état et dans toute la splendeur de sa décoration triomphale. Malgré la dimension relativement restreinte de cette gravure, les détails en sont très soignés et l'on y distingue parfaitement les deux statues dont nous venons de parler.

Tombeau de la famille de Longueville

Une des œuvres les plus remarquables de François Anguier est certainement le mausolée qu'il fut chargé d'élever à la mémoire de Henri Ier, duc de Longueville, et qui était placé dans l'église des Célestins, au côté gauche de l'autel, dans la chapelle d'Orléans.

C'est à tort que quelques auteurs, comme, par exemple, Alex. Lenoir, et, après lui, Guilbert, ont écrit que ce tombeau était de Michel Anguier; ils sont certainement dans l'erreur. D'abord, Désallier Dargenville (1), puis Thiéry (2), nous donnent ce monument comme étant l'œuvre de François; mais, surtout, les historiographes de Michel, Guillet de Saint-Georges et de Caylus, n'auraient pas manqué de parler de cette composition magistrale, si elle était sortie du ciseau de l'académicien dont ils avaient entrepris de faire l'éloge et de décrire les ouvrages; or, ils n'en ont rien dit. Dans ces conditions, l'on ne peut douter que le monument qui nous occupe ne soit l'œuvre de François Anguier.

Ce monument comprend une pyramide en marbre noir,

(1) *Vie des fameux architectes et sculpteurs*, op. cit., p. 169.

(2) *Guide des amateurs et voyageurs à Paris*, tome I, page [illegible]

à quatre faces, « d'une proportion noble et élégante et décorée « des ornemens les plus riches et les mieux finis », nous dit Millin dans ses *Antiquités nationales.* La hauteur de l'obélisque est de 4 m. 35; la largeur de chaque face à la base, 0 m 70. L'artiste a fait preuve d'une grande habileté à travailler le marbre avec délicatesse; c'est ainsi que sur une des faces il a représenté des génies soutenant une lyre destinée à célébrer les exploits du héros et surmontée d'un livre où ces mêmes exploits seront enregistrés; au-dessus est un globe céleste, symbolisant l'immortalité, rehaussé d'une couronne ducale; enfin, le sommet de la pyramide soutient les trophées des arts; sur la face opposée, c'est la Sculpture qui travaille au buste du duc, tout en foulant aux pieds le serpent de l'envie.

Cette pyramide quadrangulaire repose sur un piédestal où sont encastrés, opposés l'un à l'autre, deux bas-reliefs en bronze doré, représentant, l'un, la bataille de Senlis, où le vainqueur, Henri de Longueville, est figuré combattant au centre d'un groupe de cavaliers armés à l'antique; l'autre, le secours accordé à la ville et au château d'Arques; on voit sur ce dernier Henri IV, à cheval, parlant au duc de Longueville, qui est aperçu de dos; près de lui, son cheval est tenu en main par un écuyer.

Aux angles de la base de l'obélisque, et reposant comme lui sur le piédestal, quatre statues en marbre blanc, de grandeur naturelle, un peu maniérées, mais malgré cela agréables et gracieuses à voir, figurent les quatre vertus cardinales : la Prudence, la Force, la Tempérance et la Justice.

PYRAMIDE DE LA MAISON DE LONGUEVILLE

Enfin, le piédestal était posé sur un socle en pierre, à quatre pans, sur deux desquels étaient appliqués, respectivement au dessous des quatre Vertus dont nous venons de parler, quatre petits bas-reliefs en marbre; les deux premiers simulent la Force sous l'emblème allégorique d'un combat entre un lion et un ours, puis la Prudence, par le symbole d'une figure à deux faces; les deux autres représentent la Tempérance et la Justice, sous les traits de deux petits enfants, dont l'un est occupé à déverser dans un autre vase le contenu d'une aiguière et dont l'autre tient un glaive et des balances.

A la Révolution, le tombeau de la famille de Longueville fut transporté au Dépôt des Petits-Augustins, et nous voyons que Lenoir, dans son état des monuments et des statues qui entrèrent à ce Dépôt pendant les années 1791-92 jusqu'au commencement du régime révolutionnaire (1), indique que les divers fragments de ce mausolée lui parvinrent, à cette époque, de l'église des Célestins en plusieurs envois.

Lenoir reconstitua le tombeau de la famille de Longueville, qui figura au Musée des Monuments français sous le n° 207 du *Catalogue* (2).

Lors de la suppression de ce Musée, ce monument fut transporté au Louvre par fragments qui furent exposés isolément dans le Musée d'Angoulême (n°s 178 à 190 du *Catalogue* de Barbet de Jouy). On l'y voit encore aujourd'hui,

(1) *Inventaire général des Richesses d'art de la France*, Archives du Musée des Monuments français, 2e partie, pages 28, 31, 32 et 33.

(2) *Catalogue* de l'an VII, page 290.

au Musée de la Renaissance, reconstitué dans son ensemble et occupant le milieu de la salle des Anguier.

Millin, dans ses *Antiquités nationales,* donne deux gravures représentant le tombeau de la maison de Longueville sous les deux faces opposées (tome I, n° III, planche 17, page 104), où l'on voit les bas-reliefs représentant le secours d'Arques et la bataille de Senlis. Cette gravure a été dessinée par Brion, la planche gravée par Simon. Marot a également gravé le monument funéraire du duc de Longueville. Lenoir l'a reproduit dans le Catalogue détaillé de son Musée (tome V, planche 175, page 107). Enfin, dans l'année 1833 du *Magasin pittoresque* (page 415), on voit un *fac-simile* d'une des faces de ce monument.

2° ŒUVRES DE MICHEL ANGUIER

Tabernacle de l'autel de l'Oratoire

Millin (1) nous apprend qu'au maître-autel de l'église du couvent de l'Oratoire se trouvait un tabernacle d'un goût singulier; c'était la miniature d'un temple circulaire, en forme de dôme. « On y voyait, dit-il, sur les quatre faces, « quatre porches élevés de plusieurs marches, d'une archi- « tecture uniforme d'ordre composite et terminé par quatre « frontons. Les petites colonnes de cet ordre étaient de « marbre de Sicile. Leurs chapiteaux, leurs bases et tous les

(1) *Antiquités nationales*, Paris, 1791, tome II, n° XIV, Couvent de l'Oratoire, page 5.

« ornements extérieurs de ce temple étaient en cuivre doré « d'or moulu, parfaitement ciselés et modelés par Michel « Anguier. »

Appartement d'Anne d'Autriche au Louvre

Nous avons dit qu'en 1653, la reine-mère, Anne d'Autriche, chargea Michel Anguier d'exécuter les sculptures de son appartement du Vieux-Louvre, que Romanelli, appelé d'Italie en France par Mazarin, avait décoré, avec tant de grâce et de légèreté, de peintures donnant une idée des actions d'éclat du roi, représenté sous les traits d'Apollon.

Dans la première pièce, les morceaux de sculpture en stuc consistent en huit grands termes dont les dispositions sont variées, mais ne sont point heureuses ni comme idée, ni comme exécution. Entre ces termes se trouvent des médaillons où sont placés les quatre éléments : dans le premier, Vulcain, qui forge la foudre de Jupiter, est l'image du feu ; dans le second se voit Junon, qui, portée sur des nuages, est le symbole de l'air ; le troisième est occupé par Cybèle, qui, assise sur un lion et appuyée sur un bâton, représente la terre ; enfin, dans le dernier, l'eau est figurée par Neptune sur un monstre des mers, son trident à la main. Quatre grands satyres, de l'un et l'autre sexes, en grandeur naturelle, décorent les extrémités de cette chambre ; ils sont très beaux, et le contraste qu'ils produisent est bien réussi. Dans le haut de la voûte, l'Année et les Jours sont élégamment traités en bas-reliefs et feints de bronze.

Sous les figures allégoriques des quatre divinités des eaux, les quatre grands fleuves de la France sont représentés dans la seconde pièce. Les figures de ces divinités, dit de Caylus, sont courtes et incorrectes, et laissent, par suite, beaucoup à désirer. Mais si le sculpteur a exécuté ces fleuves d'une manière lourde, on doit lui rendre cette justice qu'il a traité tout autrement les quatre grandes Renommées placées dans les parties les plus étroites du plafond de cette pièce. Les femmes ont évidemment plus inspiré Anguier que les hommes, ce qui n'a du reste rien d'étonnant; ces Renommées sont, en effet, d'une grâce et d'une élégance remarquables, ainsi que d'un très beau caractère.

Dans la troisième pièce, les peintures du plafond retracent quelques-unes des belles pages de l'histoire romaine; les angles en sont décorés par des Renommées et des Génies en stuc, accompagnés eux-mêmes de trophées et des armes particulières de la maison du cardinal de Mazarin, alors premier Ministre. Ces groupes sont beaux, mais certainement pâles auprès des deux petits amours qui enlacent d'une guirlande la grande peinture du milieu de cette chambre. Ils sont ravissants; « ces enfants volent si bien, » dit de Caylus, « ils sont disposés si naturellement et avec un si grand art que la vue en est charmée et qu'on s'en arrache avec peine. »

Les sculptures du cabinet qui suit cette pièce sont encore d'Anguier : ce sont les huit Vertus et quatre petits Génies portant chacun une fleur de lys.

Pour terminer cette description des sculptures exécutées

par Michel Anguier au Louvre, description que nous avons faite d'après les mémoires de Guillet et de Caylus, nous mettons sous les yeux de nos lecteurs la copie du marché passé par Michel pour l'exécution des sculptures de la chambre de la reine-mère au Louvre (1).

XVe Décembre 1655.

« Par devant les notaires garde-nottes du Roy nostre sire « en son châtelet de Paris, souls signez, fut présent en sa « personne Michel Anguier, sculpteur à Paris, y demeurant « au palais des Thuilleries, paroisse Saint-Germain l'Au- « xerrois, lequel a volontairement recogneu et confessé « avoir fait marché, promis, et promet au Roy nostre « souverain seigneur, Me Estienne Le Camus, chevalier, « conseiller du Roy en ses conseils, surintendant et ordon- « nateur général de ses bastiments, et messire Antoine Ra- « tabon, aussy chevalier, conseiller du Roy en ses conseils, « trésorier général de France à Montpellier, intendant des « gabelles du Languedoc, intendant et ordonnateur des dits « bâtiments, stipullant et acceptant pour la dite Majesté, en « la présence de noble homme Nicolas Desvotz, conseiller « du Roy et controlleur général des dits bâtiments, de faire « bien et duement, au dire d'ouvriers et gens à ce coignos- « sans, les figures de stuc, que le dit Anguier fera dans la

(1) *Archives de l'Art français*, tome VII, page 201. Marchés de Pietro Sasso, stucateur, et de Michel Anguier, pour l'exécution des sculptures de la chambre de la reine-mère au Louvre.

« chambre du nouvel appartement de la Reine, suivant les « modelles qu'il en a faits sur les desseings et conduite du « sieur Romanelly.

« Premièrement, fera dans les deux grands triangles aux « deux côtés de la voulte quatre figures de six à sept pieds « de hault, dont y aura deux des dites figures par triangle, « lesquelles représenteront les renommées avec les aisles « aux esselles; deux seront assises sur les nües tenant en « main les armes de la Reyne, les deux autres seront repré- « sentées en l'air tenant la couronne royalle en main avecq « palmes et cornet.

« Plus quatre figures assises de la grandeur des susdites, « lesquelles seront mises aux deux bouts de la chambre, « la première tenant de la main gauche un riche bassin « plein de touttes sortes de richesses et en tiendra plein la « main droite, laquelle sera en attitude de les donnez libé- « ralement au peuple, la deuxiesme, la Majesté royalle sera « couronnée et de la main droite tiendra un scepte, et de « l'autre costé y aura un aigle; la troisième la félicité dessus « sa tête aura une guirlande de fleurs, dans la main droite « tiendra un caducée et de la gauche un cornet d'abondance « plein de fleurs, et la quatriesme la magnifianse avecq la « couronnée en feste tiendra en mains les plans d'une « superbe fabrique.

« Plus quatre petits garçons de cinq à six ans, les aisles « aux espaulles, et demy vestus, tenant en main chacun « une fleur de lis et seront mis dans les petits triangles « aux deux costés de la chambre et à cet effect sera fourny

« au dict entrepreneur par le s[r] Pietro Sasso de plastre « mortier et stuc et iceluy entrepreneur fournira les fers « et autres choses générallement quelconques pour les sus- « dits ouvrages qu'il rendra faicts et parfaicts bien et due- « ment comme dict est.

« Ce présent marché fait moiennant le prix et somme de « deux mil cinq cents livres tournois pour tous les susdits « ouvrages de sculpture de laditte chambre qui consistent « en huit grandes figures avecq leurs héroglipbes et quatre « enfants et les armes de la Reyne couronnées et autres au « bas des figures et fournitures de fer, ainsi qu'ils sont « escrypts cy-dessus, laquelle somme sera payée au dit « Angier au fur et à mesure que les dictz ouvrages s'ad- « vanceront par les trésoriers des dicts bastiments en exer- « cice suyvant les ordonnances qui en seront dellivrées par « lesdicts sieurs surintendans et intendans des dicts basti- « ments au dict entrepreneur Cazanis, promettans et obli- « gens et chacun en droict soy, et le dit entrepreneur corps « et biens comme pour les propres deniers et affaires de sa « Majesté renonceans.

« Fait et passé à Paris, en la maison du dict sieur Le « Camus, seize rue Salle au compte paroisse Saint Leu « Saint Gilles, l'an mil six cens cinquante cinq le quinziesme « jour de Décembre avant midy et ont signé

« Le Camus	Ratabon	Desvotz
« Pain	M. Anguier	De Beauvais ».

Travaux à l'église du Val-de-Grâce.

Nous avons dit comment Michel Anguier avait été choisi par Anne d'Autriche pour collaborer à la décoration sculpturale de l'église du Val-de-Grâce. Michel, pour rappeler que ce monastère avait été spécialement consacré à la mémoire de la naissance du Christ, commença par décorer le maître-autel d'une Nativité en marbre. « L'enfant est dans une « crèche, devant laquelle la Vierge et saint Joseph, environ « grands comme le naturel, sont prosternés. Le caractère « de la Vierge est beau, la disposition en est heureuse et « convenable, les mains sont belles, le Saint-Joseph, un peu « lourd, est rempli de surprise et d'attention. » Tel est le jugement qu'a porté de Caylus sur cette œuvre qu'il considère comme une des meilleures de Michel. Cette Nativité ne se voit plus au Val-de-Grâce ; en effet, le 9 prairial an VII (28 mai 1799), le Musée des Monuments français recevait du Val-de-Grâce « la statue à genoux de la Sainte « Vierge, celle de saint Joseph et l'enfant Jésus couché, le « tout formant groupe et sculpté par Anguier », qui étaient envoyés à A. Lenoir par le sieur Scellier, sculpteur (1). Quand ce Musée fut supprimé, cette Nativité fut attribuée à l'église Saint-Roch, où elle décore aujourd'hui l'autel et la chapelle de la Vierge.

Revenons à l'autel du Val-de-Grâce, tout entier de la composition de notre sculpteur ; sur quatre des six colonnes

(1) *Archives de l'art français*, tome IX, page 77.

torses qui le décorent, il a placé sur chacune un ange en bois doré, tenant un encensoir. Entre les intervalles de ces colonnes il a disposé, parmi des festons de palmier courant d'un chapiteau à l'autre, des petits anges tenant des cartels où sont écrits plusieurs versets du « Gloria in excelsis ». Nous relevons dans l'état des dépenses du Val-de-Grâce (1) que Michel avait été convenu du prix de onze mille livres pour l'exécution des travaux faits à cet autel et que nous venons de décrire.

Dans le rétable de l'autel se voit un Christ mort que firent exécuter en bronze, après la mort d'Anguier, les religieuses du Val-de-Grâce, d'après un modèle en terre cuite qu'elles lui avaient commandé.

Michel a de plus représenté dans les pendentifs du dôme les quatre Évangélistes, chacun dans un ovale; leur composition est du reste assez lourde.

Cet infatigable sculpteur a encore exécuté en bas-reliefs, sur les arcades de neuf chapelles, dix-huit figures tenant chacune un des attributs glorieux de la Vierge. Ces figures de femmes, qui ont chacune deux mètres de haut, sont traitées avec beaucoup de noblesse. En voici d'ailleurs le détail : des neuf chapelles dont il vient d'être question, trois sont dans le chœur, au-dessous du dôme, les six autres dans la nef. Les premières sont : 1° la chapelle du Saint-Sacrement, derrière le tabernacle du maître-autel, qui présente

(1) *Inventaire général des richesses d'art de la France*, Archives du Musée des Monuments français, page 387.

comme bas-reliefs dans son arcade la Pauvreté et la Patience; 2° celle de Sainte-Anne, où sont représentées la Miséricorde et l'Obéissance; 3° le chœur des Religieuses, dans le cintre de l'ouverture duquel l'artiste a figuré la Simplicité et l'Innocence. Les voûtes de ces trois chapelles sont décorées de plusieurs autres bas-reliefs, encore de la composition d'Anguier. En ce qui concerne les six chapelles de la nef, on voit, à l'arcade de la chapelle qui est à côté des sacristies, l'Humilité et la Virginité; à celle de la suivante, la Bonté et la Bénignité; la chapelle de droite en entrant dans l'église présente comme bas-reliefs la Prudence et la Justice; dans celle qui lui est opposée, c'est-à-dire située à gauche en pénétrant dans l'église, on voit la Force et la Tempérance; dans celle du milieu, du même côté, la Religion et la Dévotion; enfin, la dernière montre la Foi et la Charité.

Tous les ornements de la voûte et la nef ont été soit exécutés, soit dessinés par Michel; on remarque principalement les médaillons des têtes de la Vierge, de saint Joseph, de sainte Anne, de saint Joachim, de sainte Elisabeth, de saint Zacharie, représentés avec les attributs qui les caractérisent.

Église Saint-Denis-de-la-Châtre.

Nous avons vu (page 35) que Michel acheva en 1668 le groupe qu'Anne d'Autriche l'avait chargé de faire pour le maître-autel de Saint-Denis-de-la-Châtre. En voici la description :

Dans cette église, le tableau du maître-autel est remplacé par une grande niche suivie d'une ouverture pratiquée à la partie supérieure. Cette ouverture éclaire un groupe de figures en stuc où celles de derrière tiennent au fond. « Elles « représentent saint Denis, Rustique et Eleuthère, dans le

TABLEAU DU MAITRE-AUTEL DE SAINT-DENIS-DE-LA-CHATRE

« moment où Jésus-Christ vient lui-même les consoler « dans leur prison et leur apporter le pain des Anges; « saint Denis, dont les fers sont brisés, s'approche pour

« recevoir la communion. Les deux autres, retenus par « leurs chaînes, témoignent leur impatience de participer « à la même faveur. Jésus-Christ tient l'hostie d'une main « et le calice de l'autre; dans le haut on voit des anges au « milieu des nuages, qui chantent les louanges de Dieu. »

Millin, dans ses *Antiquités nationales*, a publié une reproduction du maître-autel de cette église (tome I, n° VII, planche II, page 6). Cette estampe, dessinée par Vangorp, a été gravée par Blanchard.

Porte Saint-Denis.

Ce fut en 1674 que Michel commença, d'après les dessins du peintre Le Brun, les sculptures de la porte Saint-Denis, dressée aux frais de la ville de Paris pour rappeler le souvenir des conquêtes de Louis XIV en Allemagne. La façade méridionale, c'est-à-dire celle tournée vers l'intérieur de Paris, présente au-dessus de la grande arcade de la porte un bas-relief de 10^{m}50 de long sur 3^{m}65 de haut; il figure le passage du Rhin par Louis XIV, devant le fort de Tholuys. Sur le bandeau de l'arcade sont deux Renommées en bas-reliefs. Des deux côtés de la porte sont appliquées deux grandes pyramides, en forme d'obélisques, couvertes de sculptures représentant des trophées; chaque pyramide est terminée par un globe aux armes de la France; leur socle est décoré d'armures antiques. Au pied de chacune de ces pyramides, l'artiste a sculpté une figure allégorique. A la base de l'obélisque, à l'est, on voit la Hollande, représentée par une femme, plus grande que nature, éplorée et vaincue; elle est assise sur un lion qui se meurt; sous une des pattes de l'animal sont placées sept flèches liées ensemble, comme symbole des sept provinces unies; quelques-unes sont brisées pour faire allusion à l'état de délabrement où se trouvaient ces provinces à cette époque. Au pied de l'autre pyramide, le Rhin, sous la figure colossale d'une Divinité des eaux, tient un aviron à la main.

La façade septentrionale de la porte Saint-Denis est également décorée de bas-reliefs de la grandeur de ceux que nous venons de décrire; le bas-relief qui fait pendant à celui figurant le passage du Rhin représente la prise de Maëstricht; des figures de Renommées se voient également à l'archivolte de l'arcade; mais au bas des pyramides les figures allégoriques sont remplacées par des lions.

De nombreuses estampes et reproductions en tout genre ont été faites de cette porte; une des collections les plus complètes qui en existe est celle que possède le Cabinet des estampes de la bibliothèque nationale. C'est à la bienveillance si connue de M. Georges Duplessis, conservateur de ce Cabinet, que nous devons d'avoir pu dresser, sous forme de tableau synoptique, le relevé ci-après des plus remarquables reproductions de cette porte qui y sont réunies dans la *Topographie de la France* (Paris, X[e] arrondissement, 38e quartier); cet état permet de se rendre compte facilement des principales gravures de ce beau monument, de leur format, ainsi que des noms de leurs auteurs et éditeurs.

3° ŒUVRES ATTRIBUÉES AUX ANGUIER

De l'étude que nous venons de faire de la vie et des œuvres des frères Anguier, il résulte que la grande majorité de celles-ci se voyaient dans les églises de Paris. On sait, d'autre part, qu'à la Révolution, la plupart des richesses artistiques renfermées dans les monuments religieux ne furent sauvées de la destruction à laquelle elles étaient vouées que grâce à l'intelligence et au courage d'un homme, qui, sous ce rapport, a bien mérité de la France ; nous avons nommé Alexandre Lenoir, dont nous avons eu déjà, du reste, l'occasion de citer le nom.

Lenoir réunit et fit transporter, en effet, dans l'intérieur du couvent des Augustins de la reine Marguerite, rue des Petits-Augustins, à l'emplacement occupé aujourd'hui par l'Ecole des Beaux-Arts, toutes les œuvres de peinture et de sculpture qu'il put arracher à cette rage de destruction qui a animé les révolutionnaires de tous les temps.

C'est donc en cherchant dans les monuments de sculpture renfermés au Dépôt des Petits-Augustins, c'est en interrogeant le Catalogue, dressé par Lenoir, des œuvres comprises dans ce Dépôt après qu'il fut érigé en musée par la Convention Nationale (le 29 vendémiaire, an IV), que nous avons découvert un certain nombre d'œuvres attribuées par le conservateur du Musée des Monuments français à l'un des deux Anguier. Mais Lenoir s'est parfois trompé, et nous aurons dans ce chapitre l'occasion de relever certaines de ses erreurs.

ÉTAT des principales estampes et reproductions de la Porte Saint-Denis.

INDICATION des GRAVURES OU DESSINS	FORMAT	NOMS DES DESSINATEURS	NOMS DES GRAVEURS	OBSERVATIONS
Dessin à l'encre de chine, à la plume et au lavis, représentant la Porte St-Denis du côté de la ville.	Gr. in-f°			L'inscription *Ludovico-Magno* est écrite en or sur ce dessin qui n'est point signé.
Vue et perspective de la nouvelle Porte St-Denis à Paris, bastie l'an 1672.	In-4°			Estampe faite par Aveline.
Vue et perspective de la Porte Saint-Denis, nouvellement achevée de bâtir.	Id.	Œperette.	Œperette.	Au bas de cette estampe on lit : N. Poilly ex R. C. P.
Vue de la Porte St-Denis.	Id.	Perelle.	Perelle.	Publié chez Langlois.
Id.	Id.	Id.	Id.	Id. chez Mariette succr.
Id.	In-folio			Sans nom d'auteur.
Façade de la Porte Saint-Denis du côté de la ville.	In-4°		Lucas.	Porte le n° 4 d'une collection inconnue, sans nom d'auteur.
Id. du côté de la campagne.	In-18			Sans nom d'auteur.
Id. id.	In-12		Ch. Lucas.	
Id. du côté de la ville.	In-4°			De la Boissière *fecit*.
Id. id.	In-18		Gouget fils.	Chez Vilquin, n° 14.
Id. id.	In 8°	Moitte.	Née.	Ile de France, *Monuments de Paris*, n° 49.
Médaillon en couleur, représentant la Porte St-Denis du côté de la ville.	In-18	Sergent.	Le Campion.	Chez Campion frères, rue St-Jacques, à la Ville de Rouen.
Id.	Id.	Durand.	Janinet.	Chez Esnauts et Rapilly, rue St-Jacques, à la Ville de Coutances.
Porte St-Denis du côté de la ville.	Id.	Martinet.	Martinet.	
Id.	Id.	Héduin.	Texier.	Vallardi, éditeur.
Id.	Id.	Gebelain.	Baugean.	Chez Ostervald.
Alerte de la nuit du 14 au 15 juillet 1789.	In-4°	Prieur *(ad. nat. del.)*	Bertault.	
Porte St-Denis du côté de la campagne.	Id.	Carpiza.	Chapuis.	Publié en 1807 chez Esnauts.
Id. du côté de la ville.	Id.			Chez Genty.
Plan et élévation de la Porte St-Denis (côté de la campagne).	In-12			Publié dans les *Annales* du Musée et de l'école des Beaux Arts, par Landon.
Dessin représentant la décoration de la Porte Saint-Denis pour l'entrée de Louis XVIII.				Dessin à la plume par de Belenger.
Entrée de Louis XVIII à Paris, le 3 mai 1814.	Gr. in-f°	Pécheux.	Alix.	Lithographie publiée chez Vallardi.
Porte St-Denis (côté de la ville).	In-4°	Dujardin.	Prieur.	
Id.	Id.			Chez Turgis, n° 28.
Vue de la Porte St-Denis prise du boulevard du même nom.	In-folio	Courvoisin.	Blanchard père.	Chez Basset.
Porte St-Denis du côté de la ville.	In-4°	Capitaine Patty.	Heath.	Publié à Londres chez Bodwel et Martin.

Bas-reliefs représentant la Justice (à l'Oratoire).

Landon, dans ses Annales du Musée et de l'École des Beaux-Arts (Paris 1808, imprimerie des Annales du Musée), a publié (pl. 54, 16ᵉ vol.) le fac-simile d'un bas-relief de grande proportion exécuté en pierre et qui représentait la justice sous la forme d'une femme à demi-couchée, soutenant d'une main le portrait d'un magistrat. Ce morceau de sculpture qui se trouvait à l'église de l'Oratoire fut transporté au Musée des Monuments français et inventorié au n° 252 du *Catalogue* de Lenoir, sous la rubrique suivante :

« Un grand bas-relief, sculpté en pierre de Tonnerre, « représentant la Justice tenant le portrait d'un magistrat. « Ce morceau, d'un style soigné, est d'Anguier. »

On croit qu'il est de la main de François, d'autres l'attribuent à Michel; le Mémoire de Caylus donnerait pourtant tort à ces derniers; l'historiographe de Michel ne compte point en effet ce bas-relief au nombre des ouvrages qu'il cite comme étant sortis du ciseau de ce sculpteur.

Statues des d'Aligre.

Sous les nᵒˢ 172 et 196 du *Catalogue du Musée des Monuments français* édité en l'an V, Lenoir donne comme étant d'Anguier (il n'indique pas le prénom) : 1° une statue en marbre blanc du chancelier Étienne d'Aligre, mort en 1635, et 2° une autre statue également en marbre blanc d'Etienne d'Aligre, garde des sceaux, mort en 1677, provenant toutes deux de l'église Saint-Germain-l'Auxerrois. Lenoir aura confondu évidemment avec le nom d'Anguier celui de Laurent Magnier, qui est l'auteur de ces statues (1).

Statues du duc et de la duchesse de Trême.

La *Galerie historique de Versailles* reproduit, en les attribuant à François Anguier, deux statues en marbre, qu'on voit aujourd'hui dans une des galeries de sculpture du Musée de Versailles, l'une de René Potier, duc de Trême, représenté à genoux, armé de sa cuirasse, l'autre de sa femme Marguerite de Luxembourg. Elles furent apportées de l'église des Célestins au Musée des Monuments français, et figurent, au *Catalogue* de ce musée, la première sous le n° 192 avec la mention suivante : « On attribue cette statue à Anguier », et la seconde sous le n° 179, sans aucune indication de nom de sculpteur. M. Eud. Soulié, dans sa *Notice sur les peintures et sculptures du Musée de Versailles,* n'a pas cru devoir confirmer l'opinion de Lenoir relativement à l'auteur présumé de ces statues.

Statue en pied de Louis XIV.

Michel Anguier aurait encore, d'après Lenoir, fait une statue en pied de Louis XIV. Elle figurait au Musée des

(1) Voir l'*Inventaire général des richesses d'art de la France*, Paris, église Saint-Germain-l'Auxerrois.

Monuments français, au n° 214. Voici comment Lenoir s'exprime à son sujet :

« Pour satisfaire au goût de son temps, cet artiste a blessé « les convenances du costume, en donnant à son héros un « vêtement romain. Cette remarque peut s'étendre sur une « multitude de peintres et de sculpteurs, ses contemporains, « qui, comme lui, ont affaibli leurs ouvrages par de sem- « blables flagorneries.

« Cette statue est d'un travail très soigné et précieuse dans ses détails. »

Bas-reliefs divers.

Lenoir a encore réuni au Musée des Petits-Augustins divers bas-reliefs faits par les sculpteurs dont nous nous occupons.

Ce sont d'abord des couronnes provenant des Célestins, « remarquables par la délicatesse de leur travail ». Lenoir ne dit pas auquel des deux frères on doit les attribuer.

La Sorbonne aurait fourni au Musée des Monuments français deux petits bas-reliefs en cuivre doré, dus à Michel, et représentant, « l'un, la Manne, et l'autre une des Fêtes juives, connues sous le nom de Pâques ».

L'un des Anguier aurait fait pour les Feuillans un bas-relief représentant Henri III acceptant le plan du couvent de Paris que lui offre Dom Jean de la Barrière, fondateur du monastère de la rue Saint-Honoré. Il figurait au Musée sous le n° 251.

Pour en finir avec les bas-reliefs, nous voyons au n° 254, venant de Saint-Jean-de-Latran, deux lions en marbre donnés par Lenoir comme ayant été sculptés par François, et étaient placés au-dessus « des portes d'entrée de la salle du XVIIe siècle ».

Tombeau de Jérôme Bignon.

Nous voyons encore, dans le même Catalogue du Musée des Petits-Augustins (page 145), inventorié sous le n° 184, et provenant de l'église Saint-Nicolas-du-Chardonnet, le monument érigé à Jérôme Bignon, conseiller d'État, mort en 1656. Voici le commentaire que Lenoir ajoute à ce sujet :

Bignon, par son esprit, par son savoir et par sa probité, a été l'admiration de son siècle, ce qui est parfaitement exprimé par l'inscription suivante, placée au bas de son buste, exécuté en marbre par Anguier :

Hyeronimus Bignon
Sui seculi amor, decus,
Exemplum, miraculum.

Les deux Vertus, en pierre de Tonnerre, assises sur un cénotaphe, représentant, l'une la Justice, et l'autre la Tempérance, sont aussi d'Anguier. Le bas-relief, de même matière, représentant saint Jérôme, que j'ai placé dans le soubassement du tombeau, est de Girardon.

C'est encore une erreur de Lenoir, qui est, du reste, sur ce point en contradiction avec le témoignage de tous les contemporains qui attribuent à Girardon l'ensemble du monument.

Tombeaux des de Guise à Eu.

Enfin, s'il fallait croire M. D. Lebeuf (1), les tombeaux des ducs de Guise que l'on voit dans la chapelle de l'ancien collège des Jésuites à Eu seraient l'œuvre de Michel Anguier. « C'est bien là, écrit M. Lebeuf, le constructeur du tombeau « des Guise, d'abord un peu raide et sec dans celui du « prince, puis parvenu à la maturité de son talent souple « et ondoyant dans celui de la princesse. » Il importait de relever une erreur aussi grossière et de réfuter une opinion qui ne reposait sur aucun fait sérieux; M. Ch. Bréard, dans son travail sur le collège d'Eu (2), s'en est chargé et a démontré que l'assertion de M. Lebeuf n'était qu'une simple conjecture et qu'elle n'avait même pas pour elle la tradition. Et d'ailleurs, M. L. Estancelin, dans son *Histoire des Comtes d'Eu* (page 438), ne nous apprend-il pas que ces tombeaux ont été faits par un sculpteur de Gênes? On en ignore le nom, c'est vrai; mais jamais Anguier n'a été à Gênes. Enfin, les historiographes de Michel, Guillet et de Caylus, n'eussent pas manqué de compter à l'actif de ce sculpteur ces mausolées, considérés à juste titre comme deux chefs-d'œuvre, s'ils avaient été réellement son œuvre.

(1) *La ville d'Eu*. Eu, Houabert Cordier, 1844, in-8°.

(2) *Histoire du collège d'Eu*. Eu, A.-M. d'Hocquelus, 1879, in-8°.

EXTRAITS

DES PROCÈS-VERBAUX DE L'ACADÉMIE ROYALE DE PEINTURE ET DE SCULPTURE.

N.-B. — Les dates, qui ne sont suivies d'aucune autre indication, marquent celles des séances où Michel Anguier a seulement signalé sa présence par sa signature au bas des Procès-verbaux.

ANNÉE 1668.

4e jour de Febvrier. — Cejourd'hui l'académie estant assemblée, M. Anguier ayant tesmoigné dans les assemblées présédante qu'il souétoit d'estre resceu en l'Académie, la Compagnie, en Considération de son mérite, l'a eu agréable et, pour tesmoigner l'estime qu'elle a faict de sa personne l'a dispensé de toutes les sugections de réseptions ordinair, luy faisant délivrer sa Lestre de provision. C'est présanté aujourd'huy, a presté le sermant en présance de l'assemblée, et pour témoisgner sa gratitude, a fait présant à l'assemblée d'un modèle de terre représentant Ercullle et Atlas qui soutiennent un globe terrestre.

3 Mars. — Cejourd'huy, l'académie étant assemblée, M. Testelin ayant représanté que quelqu'affaire pressante l'empeschoit de pouvoir faire la fonction de proffesseur dans le mois qui lui est écheu, a prié la Compagnie de nomer quelqun à sa plasse, promettant de s'aquitter de se devoir en quelqu'autre mois de l'anée, sur quoy l'Académie, ayant adjoint M. Angvier au Proffessorat, l'a nomé pour faire l'exercisse du dit mois.

7 Avril. — De plus la Compagnie a chargé M. Anguier de prendre le soin de faire porter l'Ercul comme il doit estre.

26 Mai. — Ce jour, l'Académie assemblée, a esté résolu, pour le piez d'estail de l'Hercule, que on le revêtira de menuiserie en la forme d'un socle le plus cimple qu'il sera possible, sans aucune moulure.

4 Août. 13 Octobre.

ANNÉE 1669.

27 Avril.

17 Juillet. — M. Anguier a représanté qu'il ne pouvait point faire la fonction de Professeur dans le mois de Septembre qui lui est escheu, à cause des ouvrage pour le Roy qui l'oblige d'aler à la campagne, et que, s'il plaisait à la Compagnie, il agiroit dens le mois prochain, assavoir aoust, ce que la Compagnie a eu très agréable.

3 Août. 31 Août.

7 Octobre. — L'Académie assemblée, procédant à l'élection d'un Ajoin-Recteur pour supléer à l'absence de M. Evrard, la compagnie a jeté les yeux sur MM. Anguier et Girardon, lesqueles ont eu égalité de voix, sur quoy, ayant tiré au sort, il est écheu à M. Anguier d'entrer dans la dite charge, dont il a pris rand et séance et a promis volontérement de faire l'ouverture de la Conférance publique au premier jour destiné pour cest effect.

7 Décembre.

ANNÉE 1670.

25 Janvier. (?) Février. 29 Mars.

5 Juillet. — M. Anguier a promis de faire l'ouverture de la conférence à la première assemblée.

26 Juillet. — M. Anguier a communiqué le discours qu'il a résolu de prononcer en la conféransse publique de l'Assemblée prochaine sur le sujet de Laocoon.

30 Août. 7 Septembre. (?) Septembre. 25 Octobre. 6 Décembre.

ANNÉE 1671.

10 Janvier. 31 Janvier. 14 Février. 7 Mars. 28 Mars. 25 Avril.

12 Juin. — La Compagnie deslibérant sur la proposition faicte en l'assemblée pressédante pour remplir la plasse de Recteur vacante par le désectz de feu M. Bourdon, la Compagnie a nommé M. Anguier pour estre l'un des quatre recteurs.

27 Juin. — Ce jour, l'Académie assemblée, M. Anguier a proposé le sujet de la conférance, en a lessé copie, laquelle, la Compagnie a résolu de l'atacher en la salle, en exécution des délibération présédante.

1er Août. 29 Août.

26 Septembre. — M. Anguier a promis de faire quelque Semaine de Rectora dans le quartier prochain, en atendan le recouvrement entier de la santé de M. Nocret.

De plus, la Compagnie a nomé M. Anguier et de Champagne pour aller de sa part témoisgner à M. Le Brun le regret que la Compagnie a de son indisposition et les vœux qu'elle faict pour le recouvrement de sa parfaite santé.

ANNÉE 1672.

30 Janvier. 6 Février. 27 Février. 12 Mars. 19 Mars. 2 Avril. 28 May. 11 Juin.

25 Juin. — Ce mesme jour, M. Anguier dit qu'il avoit choisy pour l'ouverture de la Conférance prochaine de parler sur le sujet du corps humain comparé à une forteresse.

30 Juillet. — Extrait du Mémoire : M. Anguier peintre, tant pour les

ouvrages de trente sept journées que pour les soins à ayder à poser les choses dans l'Eglise que pour avance qu'il a faite de la somme de treize livres dix huit sols 161 l. 18 s. (mais il s'est contenté de 124 l. 18 s.)

6 Août.

27 Août. — Ce jour, l'Académie assemblée à l'ordinaire les affaires ont esté remise à un autre jour, M. Anguier ayant proposé pour sujet de Conféransse de parler sur une mesthode de faire une anathomie grande comme nature.

1er Octobre. — La Conférance a été ouverte par M. Anguier.

10 Octobre. 29 Octobre. 5 Novembre. 26 Novembre. 3 Décembre.

ANNÉE 1673.

7 Janvier. 15 Avril. 29 Avril. 13 May. 27 May.

23 Juin. — M. Anguier a en ce jour offert faire l'ouverture de la Conférance au premier jour sur le sujet de la manière de faire des bas relief.

29 Juillet. 25 Août.

2 Septembre. — M. Beaubrun ayant demandé qu'il plust à l'académie d'ordonner un jour pour la rendission de ses compte, la Compagnie a résolu de prendre la huictène qui sera aussy jour pour la Conféransse, et a nomé, pour estre à l'examesne des dits compte, MM. Anguier, Merssy, de Sève, Baillet.

(?) Septembre. 12 Septembre. 6 Octobre. 10 Octobre. 25 Novembre. 2 Décembre.

ANNÉE 1674.

23 Février. 17 Mars. 26 May.

30 Juin. — M. Beaubrun a prié la Compagnie d'agréer de choisir un jour pour la rendition de ses conte; la Compagnie a résolu de prendre le Lundy neuf juillet, et nommé MM. Anguier, Lehongre, Renodin, Rabon, Lemair, et (le) Secrétaire.

7 Juillet. 1er Septembre. 28 Septembre. 6 Octobre. 27 Octobre. 17 Novembre. 1er Décembre.

ANNÉE 1675.

5 Janvier. 16 Février. 27 Mars. 6 Avril. 4 Mai. 25 Mai. 28 Juin. 6 Juillet.

27 Juillet. — M. d'Agard ayant présanté les portraict de MM. Anguier et Girardon, qui luy ont esté ordonné, la Compagnie a agréé les d. ouvrages et resçeu le d. sievr d'Agard en qualité « d'académicien ».

3 Août.

21 Août. — M. Anguier a anonssé qu'il c'est résoluct de faire l'ouverture de la conferance au premier jour sur le sujet de l'expression de la collèr.

7 Septembre. — Ce jour, l'Académie assemblée, M. Anguier a proposé pour sujet de conférance les remarque qu'il a faicte sur diversse esfaict de la collère.

28 Septembre.

16 Novembre. — Ce jour, l'académie assemblée extraordinairement, M. Anguier est Présiden, en l'absence de M. Louyr. La Compagnie a nommé MM. Anguier, Girardon, de Sève et Houasse pour conférer avec ceux qui se plaignent de l'arrangement des tableaux que l'on a eslevez excessivement.

12 Décembre.

30 Décembre. — Sur les plaintes faicte par le Secrettaire sur quelque accusation blessante par quelque particulier, la Compagnie a commis et desputés MM. Anguier, Reynaudin, Beaubrun et de Sève pour examiner ceste afaire.

ANNÉE 1676.

4 Janvier.

25 Janvier. — Sur ce que quelques particulliers de l'Académie ayant accusé le Segrettaire d'avoir fait quelque faussetés, la Compagnie ettant assemblée le 30 Décembre présédent, aurait desputé MM. Anguierre, Beaubrun, de Sève et Renaudin pour examiner les registres et étraits dudit Segrettaire, ils auraient dit qu'ils n'ont trouvé aucune fausseté

dans par un des extraits écrit par le dit Segrettaire, l'académie déclare que le dit Segrettaire a été acuzé à tort.

1er Février. — L'académie a nomé MM. Anguier et Girardon pour l'examène des Compte de M. Beaubrun.

Dernier jour de Febvrier. — Sur ce que M. Anguier a proposé de recevoir M. François de Spingola, l'académie a resceu led. sieur Spingola.

13 Mars. 28 Mars. 31 Mars. 11 Avril. 25 Avril. 30 Mai. 16 Juin. 3 Juillet.

11 Juillet. — La Compagnie a nommez pour rendre ses civilités à Monseigneur Colbert, MM. Anguier et Girardon pour recteur.

24 Juillet. — M. Anguier a proposé de parler sur les diférances qu'il faut remarquer entre les Divinitez Céleste et terrestre.

29 Août. 26 Septembre. 14 Novembre. 20 Novembre. 28 Novembre. 19 Décembre. 26 Décembre.

ANNÉE 1677.

30 Janvier. 13 Février. 6 Mars. 19 Mars. 30 Mars. 11 Avril. 24 Avril. 26 Juin. 3 Juillet. 31 Juillet. 7 Août. 28 Août. 18 Septembre.

25 Septembre. — M. Anguier c'est offert de faire l'ouverture de la conférance au premier jour, sur le sujet du grand desseing prouvé par les proportions par les figures antiques et par la rondeur des muscles.

27 Novembre. 4 Décembre. 22 Décembre.

ANNÉE 1678.

29 Janvier. 9 Février. 26 Février. 5 Mars. 20 Avril. 4 Juin. 25 Juin. 2 Juillet.

30 Juillet. — M. Enguière s'est chargé de faire l'ouverture de la Conférance sur le sujet du « Jugement » de Michel-Ange.

27 Août. — M. Anguier a promis de continuer d'ouvrir la conférance sur le jugement de Michel Ange au premier jour.

24 Septembre. 2 Octobre. 19 Novembre. 31 Décembre.

ANNÉE 1679.

7 Janvier. 25 Février. 18 Mars. 29 Avril. 6 May. 27 Mai. 23 Juin. 1er Juillet.

8 Juillet. — M. Anguier a faict présent d'un livre d'estampe contenant 8 feuilles gravée sur les desseins de desfunct M. Poussain sur les sujet des travaux d'Hercalle, pour être gardée en l'académie.

29 Juillet. 5 Août. 26 Août. 30 Septembre. 27 Octobre. 4 Novembre.

ANNEE 1680.

27 Janvier. 13 Février. 30 Mars. 27 Avril. 1er Mai. 6 Juillet. 26 Octobre. 23 Novembre.

ANNÉE 1681.

22 Mars. 29 Mars. 12 Avril. 26 Avril.

3 Mai. — L'Académie a resceu les contes de M. Beaubrun Trésorier d'icelle qui ont été examinée par MM. les officiers nommés, savoir : MM. Le Brun, Girardon, Anguier, de Sève, Marsy, Bernard, Edeling et Stella.

31 Mai. 7 Juin. 28 Juin. 5 Juillet. 26 Juillet. 1er Août. 30 Août. 27 Septembre. 25 Octobre. 3 Novembre. 29 Novembre.

6 Décembre. — Lecture a été faicte de la conférence de M. Anguier sur l'union de l'Art avec la nature.

20 Décembre.

ANNÉE 1682.

2 Janvier. — La Compagnie, pour rendre en ces premiers jours de l'année ses civilités à Monseigneur Colbert, Protecteur, comme elle a acoutumé tous les ans, a nommé pour cet effet, MM. Le Brun, Anguier, Girardon, de Sève et des Jardins.

31 Janvier. — La Compagnie a ordonné au sieur Revel de faire les portraits de M. Anguier et de M. Girardon.

28 Février. 21 Mars. 4 Avril. 25 Avril. 2 Mai. 27 Juin. 4 Juillet. 1er Août. 22 Août. 29 Août. 5 Septembre. 26 Septembre.

29 Octobre. — La Compagnie a nomé MM. de Sève et Girardon pour rendre visite à MM. Anguier et Regnauldin qui sont malades.

28 Décembre.

ANNÉE 1683.

2 Janvier. 30 Janvier.

27 Février. — La Compagnie a nommé MM. Anguier et Coipel pour voir exécuter l'ouvrage du sieur Laviron.

27 Mars. 3 Avril. 8 May. 29 May. 12 Juin. 3 Juillet. 7 Août. 28 Août. 4 Septembre. 11 Septembre. 18 Septembre. 25 Septembre. 2 Octobre. 30 Octobre. 27 Novembre. 4 Décembre. 11 Décembre. 23 Décembre. 28 Décembre.

ANNÉE 1684.

2 Septembre.

ANNÉE 1685.

30 Juin. 7 Juillet. 28 Juillet. 4 Août. 3 Septembre.

ANNÉE 1686.

27 (?). — L'Académie estant assemblée générale, en suitte du service qui a été faict pour deffunct M. Anguier, Recteur de l'Académie, décédé le onzième de ce mois, M. des Jardins, Adjoint-Recteur, a esté nommé pour faire la Charge et fonction de Recteur de l'Académie, en la place de deffunct M. Anguier.

TABLE DES GRAVURES

PAGES

www.ingramcontent.com/pod-product-compliance
Lightning Source LLC
LaVergne TN
LVHW020028170826
845678LV00001B/156

* 9 7 8 2 3 2 9 7 5 7 7 6 6 *